MOLIÈRE

DOM JUAN

PARIS

Librairie E. Flammarion

LES PIÈCES DE MOLIÈRE

———

DOM JUAN

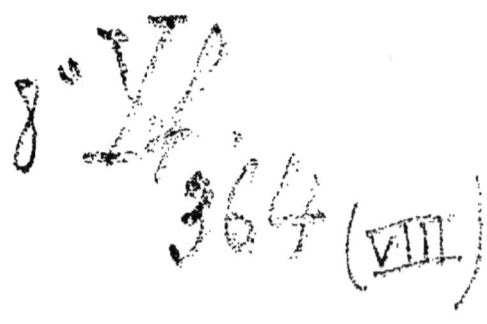

TIRAGE A PETIT NOMBRE

Il a été tiré en outre :

20 exemplaires sur papier du Japon, avec triple épreuve de la gravure (n°s 1 à 20).
25 exemplaires sur papier de Chine fort, avec double épreuve de la gravure (n°s 21 à 45).
25 exemplaires sur papier Whatman, avec double épreuve de la gravure (n°s 46 à 70).

70 exemplaires, numérotés.

MOLIÈRE

DOM JUAN

COMÉDIE EN CINQ ACTES

AVEC UNE NOTICE ET DES NOTES

PAR

GEORGES MONVAL

Dessin de L. Leloir

GRAVÉ A L'EAU-FORTE PAR CHAMPOLLION

PARIS

LIBRAIRIE DES BIBLIOPHILES

E. FLAMMARION, SUCCESSEUR

Rue Racine, 26, près de l'Odéon

M DCCC XCI

NOTICE
SUR *DOM JUAN*

Il semble, au premier abord, qu'il soit impossible de rien dire de nouveau sur un chef-d'œuvre cent fois publié et commenté, et qu'il suffise, en le réimprimant, de tirer une nouvelle épreuve des notices des devanciers.

Encore faudrait-il faire un choix parmi ces modèles, sous peine de propager bien des erreurs ou de fait ou d'opinion.

L'un dit que Dom Juan n'est pas une des bonnes pièces de Molière et qu'elle n'obtint aucun succès. L'autre, oubliant ou ignorant que Molière était mort depuis quatre ans lorsque parut le Festin de Pierre en alexandrins, s'étonne que l'auteur ait permis à Thomas Corneille de versifier sa pièce. Un troisième, sans plus tenir compte des emplois que des dates, donne de l'œuvre à son origine une distribution toute de fantaisie. D'autres enfin noient l'histoire de Dom

Juan dans un tel luxe d'érudition, dans une telle abondance de sources, imitations, rapprochements, notes et sous-notes, que c'est tout un travail de séparer l'essentiel du superflu.

Il suffit, on le voit, pour être nouveau, d'être simplement exact, de dire la vérité, rien que la vérité, sans ornements d'imagination, sans hypothèses qui égarent, sans rhétorique vaine, sans hyperbole menteuse, sans érudition bavarde; en un mot, de présenter brièvement les faits principaux dans leur ordre naturel, sans chercher du mystère dans ce qui est clair comme le jour, sans vouloir expliquer des « énigmes » qui ne peuvent exister dans l'œuvre la plus limpide qui soit, et éclairer des points qui ne sont obscurs que pour qui s'obstine à fermer les yeux.

Et, puisque nous débutons par Dom Juan, disons, en ne changeant qu'un mot à la belle réplique du Commandeur :

> On n'a pas besoin de lumière
> Quand on est conduit par Molière !

C'est ce que nous tâcherons de ne pas perdre de vue dans cette suite de notices consacrées à ses dix-huit dernières comédies : car il ne suffit pas d'aimer Molière, il faut l'aimer avec mesure, avec raison, lui la mesure et la raison mêmes, l'ennemi-né de toutes les exagérations.

Au lendemain de la première interdiction du

TARTUFFE, *Molière se trouva pris au dépourvu, entre* LA PRINCESSE D'ÉLIDE *et* LE MISANTHROPE, *qui n'était prêt que dans sa tête. Il profita d'un désir de ses camarades pour répondre à la fois aux ennemis de son* TARTUFFE *et aux besoins de son théâtre.*

*La légende de Don Juan, mise à la scène dès 1620 par Tirso de Molina, sous le titre d'*EL BURLADOR DE SEVILLA Y COMBIDADO DE PIEDRA, *puis importée d'Espagne par la troupe italienne établie au Petit-Bourbon, avait eu grand succès au Théâtre de Mademoiselle et à l'Hôtel de Bourgogne. Dorimond et Villiers, deux comédiens-auteurs, avaient fait courir tout Paris à la surprenante merveille de la statue mouvante et parlante, qu'ils avaient traduite ou imitée de Giliberto et de Cigognini. Pourquoi le Palais-Royal n'aurait-il pas aussi son* FESTIN DE PIERRE, *qu'il eût été plus simple, plus clair et plus fidèle d'appeler le* Convive *ou* Convié de pierre?

Le directeur-auteur était doublement intéressé à ce que la pièce ne se fît pas attendre. Molière improvisa donc un canevas sur le sujet en vogue ; dans un cadre banal construit à la hâte, il fit entrer des tableaux de mœurs et de caractères, le portrait du « grand seigneur méchant homme », des scènes épisodiques dignes de son génie, sa première attaque contre la médecine, et, par occasion, la fameuse peinture de l'hypocrisie, véritable revanche du TARTUFFE *suspendu.* DOM JUAN *est à la foi une œuvre* de commande, une pièce de circonstance et de polémique, une machine de guerre.

Molière, pressé par le temps, n'avait pu terminer en vers que le premier acte et la moitié de la première scène du second de LA PRINCESSE D'ÉLIDE, et, quoique le sujet de DOM JUAN réclamât l'alexandrin, il fut contraint de l'écrire tout en prose, ce qui parut alors une nouveauté dangereuse.

Il fallait être prêt avant le carême. Après huit jours de relâche, consacrés sans doute aux dernières répétitions, la première représentation fut donnée le dimanche gras 15 février 1665. La recette fut de 1,830 livres.

La seconde, le mardi gras 17, s'éleva à 2,045 livres; mais il avait fallu supprimer plusieurs passages, entre autres la scène du Pauvre, qui avait paru trop hardie.

En cinq semaines la pièce eut quinze représentations consécutives : la plus forte recette fut de 2,390 livres (le mardi 24 février); la plus faible, la dernière, de 500 livres (le 20 mars) : soit une moyenne de 1,340 livres, représentant, à cette date, un succès incontestable.

Il paraît hors de doute que l'auteur lui-même joua le rôle de Sganarelle, et voici le singulier costume dont il l'habilla : jupon de satin aurore, camisole de toile à parements d'or, pourpoint de satin à fleurs. Molière, qui avait créé DOM GARCIE DE

NAVARRE, *et qui devait, l'année suivante, être l'homme aux rubans verts, dut être bien tenté de représenter l'homme aux rubans couleur de feu, mais il confia ce rôle à son jeune camarade La Grange, dans l'inventaire duquel j'ai trouvé, à la date de 1672, parmi* « *les habits servans à la Comédye* » : *un habit de taffetas volant* couleur de feu brodé en divers endroits (prisé 50 livres), *et un autre habit par bandes de broderie d'or, le pourpoint, le ringrave et le baudrier avec la garniture et plumes* couleur de feu et blanc (*prisés ensemble* 550 *livres*).

Des autres rôles à la création on ne sait rien de positif. M. Aimé Martin, sans indiquer ses sources, a hasardé la distribution suivante :

Elvire, Mlle *Du Parc;* Charlotte, Mlle *Molière;* Mathurine, Mlle *De Brie;* Dom Louis, *Béjart;* Pierrot, *Hubert;* M. Dimanche, *Du Croisy;* La Ramée, *De Brie. Il ne parle pas de* Gusman, *de* Don Carlos, *de* Don Alonse, *de la statue du* Commandeur, *de* La Violette, *de* Ragotin, *ni de cet admirable* Pauvre *que la liste des personnages de l'édition de 1682 appelle* Francisque.

Mais il n'a pas remarqué que, la troupe n'ayant que sept acteurs et un gagiste pour treize rôles d'hommes, ces rôles ont dû nécessairement être doublés; et voici la distribution que je proposerais comme la plus vraisemblable, la plus conforme à l'emploi des comédiens et aux nécessités matérielles de la pièce :

Sganarelle	Molière.
Dom Juan	La Grange.
Le Pauvre et Dom Louis	La Thorillière.
La Ramée et M. Dimanche	Louis Béjart.
Pierrot et Dom Alonse	Du Croisy.
Gusman et la Statue	De Brie.
Dom Carlos et Ragotin	Hubert.
La Violette	Prévost.
Elvire	Mlles Du Parc.
Charlotte	Molière.
Mathurine	De Brie.

La clôture annuelle eut lieu, selon l'usage, l'avant-veille de la Passion, par la quinzième de Dom Juan.

Interrompue par le temps pascal, la pièce ne fut pas reprise à la rentrée du 14 avril. Ne pouvant expliquer cette suspension par l'insuffisance des recettes, il faut bien admettre que la comédie fut arrêtée par ordre, quoiqu'il n'existe aucun document officiel relatif à cette mesure. Mais, les ennemis du Tartuffe *n'étant pas gens à désarmer, la cabale avait beau jeu pour fulminer contre l'impie et crier au scandale et au sacrilège.*

En avril paraissent les Observations sur le Festin de Pierre, *dans lesquelles un sieur de Rochemont, se disant avocat au Parlement, accuse Molière d'élever des autels à l'impiété, d'avoir fait monter l'athéisme sur le théâtre, le traite de « tartuffe achevé, de véritable hypocrite, d'avare et de blasphémateur », et, finalement, demande l'excommunication pour l'audacieux qui a porté la main au sanctuaire.*

En juillet paraît une Réponse *assez faible dont on ne connaît pas l'auteur, et, le mois suivant, une* Lettre sur les Observations, *si remarquable que quelques bons esprits sont allés jusqu'à l'attribuer à Molière lui-même. Mais cette polémique n'avait plus qu'un intérêt rétrospectif quant à* Dom Juan, *disparu de l'affiche depuis cinq mois. C'était à l'Imposteur qu'en voulait la cabale; il fallait à tout prix empêcher le* Tartuffe *de paraître en public, et l'on sait que Molière ne devait voir lever l'interdiction que quatre ans avant sa mort, grâce à Louis XIV, qui avait dit de son libertin, puni au dénouement par le feu du ciel :
« Il faut avouer que voilà un impie bien mal récompensé ! » — Là ne se borna pas la haute protection du roi. Au mois d'août suivant, il voulut que les comédiens de Monsieur lui appartinssent désormais, avec le titre de Troupe du Roy et 6,000 livres de pension : c'étaient les dragées du baptême de la petite Molière.*

Quant à Dom Juan, *il ne devait plus reparaître au théâtre du vivant de l'auteur, qui ne vit même pas sa pièce imprimée. Il avait cependant, à la date du 11 mars, au fort du succès, obtenu un privilège au nom du libraire Billaine, mais on ne connaît pas d'édition antérieure à celle des* Œuvres posthumes, *publiées en 1682 par D. Thierry, Cl. Barbin et P. Trabouillet.*

Après sa mort, Thomas Corneille, d'accord avec la veuve, mit Dom Juan *en vers pour le Théâtre de*

Guénégaud. Pour plusieurs causes, dont le succès de Circé, *puis la* Phèdre *de Pradon, qu'il s'agissait d'opposer à celle de Racine, la pièce ne fut représentée que le* 12 *février* 1677.

La Grange conservait son rôle de Dom Juan; Rosimond, auteur, lui aussi, d'un Festin de Pierre *représenté sur le Théâtre du Marais, succédait à Molière dans celui de Sganarelle.*

On a beaucoup surfait le succès de cette traduction, qui coûta à la troupe 2,000 *livres de droits d'auteur, et des frais extraordinaires assez lourds.*

La pièce eut six représentations jusqu'au 2 *mars, avec des recettes variant de* 995 *à* 1,645 *livres. Interrompue par le temps pascal et le jubilé, elle fut reprise le* 11 *mai et eut encore sept représentations, avec de faibles recettes. On ne la reprit que le* 5 *décembre, deux fois, puis deux fois encore en février* 1678. *Au total, quinze fois en un an, avec une moyenne de* 737 *livres* 15 *sols, quand le* Dom Juan *de Molière avait, douze ans plus tôt, dans la même saison, été joué quinze fois en un mois, avec une moyenne de* 1,340 *livres.*

La pièce de Thomas Corneille ne fut imprimée qu'en 1683. *Elle est restée au répertoire, et, pendant près de deux siècles, ce fut le seul* Dom Juan *qui parut sur la scène française.*

A l'Odéon revient l'honneur d'avoir fait revivre l'admirable prose de 1665.

NOTICE

Le 17 novembre 1841, le second Théâtre-Français, dirigé par M. d'Épagny, remit le chef-d'œuvre à la scène, avec Robert Kemp dans Dom Juan, Mirecour dans Sganarelle, Valmore dans Dom Louis, et Barré, alors débutant, dans Pierrot.

Cinq ans plus tard la Comédie-Française fêta, le 15 janvier 1847, l'anniversaire de la naissance de Molière par une reprise solennelle de Dom Juan, *avec la distribution suivante :*

Dom Juan	MM. Geffroy.
Sganarelle	Samson.
Dom Louis	Mainvielle.
Francisque (le Pauvre)	Ligier.
Pierrot	Régnier.
M. Dimanche	Provost.
La Statue	Maubant.
Dom Carlos	Brindeau.
Dom Alonse	Leroux.
Ragotin	Riché.
La Violette	Got.
Gusman	Chéry.
Elvire	Mmes Volnys.
Charlotte	A. Brohan.
Mathurine	Anaïs Aubert.
Le Spectre	Rimblot.

La pièce, montée avec le plus grand soin, eut 18 représentations jusqu'au 15 décembre, 3 en 1848, 2 en 1849. — Les costumes avaient été dessinés par Devéria; Ligier, en mendiant de Callot, eut un grand succès dans la scène du Pauvre.

Geffroy habilla le rôle en Louis XIII. Premier costume : velours bleu doublé de satin blanc brodé d'or, rubans satin ponceau; deuxième: drap noir galonné d'or, cape à grandes manches, velours bleu doublé de drap rouge, rubans satin noir; troisième: velours de soie grenat, agréments d'or, le manteau doublé de satin blanc, rubans satin bleu; quatrième: velours et satin noir[1].

La dernière reprise date du 19 février 1868, sous l'administration de M. Édouard Thierry, avec cette remarquable distribution:

Dom Juan	MM. BRESSANT.
Sganarelle	RÉGNIER.
Dom Louis	MAUBANT.
Pierrot	COQUELIN.
Le Pauvre	BARRÉ.
M. Dimanche	TALBOT.
La Statue	CHÉRY.
Dom Carlos	GARRAUD.
Dom Alonse	PRUD'HON.
Gusman	SEVESTE.
La Ramée	TRONCHET.
Ragotin	MONTET.
La Violette	MASQUILLIER.
Done Elvire	Mlles TORDEUS.
Charlotte	ÉMILIE DUBOIS.
Mathurine	ROSE BARRETTA.

La pièce n'eut que sept représentations, et deux encore en 1870: il y aura, le 17 février prochain, vingt-deux ans qu'elle n'a été jouée à la Comédie-Française.

L'édition que donne ici M. Jouaust est conforme

---

1. Reprises : 4 juillet 1853 (4 fois) et 23 avril 1858 (24 représentations).

au texte cartonné de 1682. Aussi n'y trouvera-t-on qu'en note, et à l'appendice, la fameuse scène du Pauvre, supprimée à la seconde représentation, et que M. Simonnin prétendit avoir trouvée intégralement dans un Molière *de 1679. N'a-t-il pas entendu par là le* Don Juan *d'Amsterdam, 1683, ajouté à une édition hollandaise de 1679? Quoi qu'il en soit, on regarde généralement comme la première édition française du* Festin de Pierre *le texte publié en 1682 dans les* Œuvres posthumes de M. de Molière *(tome VII); l'*Avis au lecteur *placé en tête du premier volume dit, en effet, que cette comédie «n'a pas été imprimée jusques à présent». Molière, — nous l'avons vu, — avait, à la date du 11 mars 1665, obtenu pour son* Festin de Pierre *un privilège au nom de Louis Billaine, qu'on lisait déjà sur quelques exemplaires de* l'École des femmes *et de la* Critique. *On croit que ce libraire ne fit pas usage de son privilège; Jean-Baptiste Rousseau affirmait, — soixante ans plus tard, il est vrai, — que Molière n'avait jamais souffert que la pièce fût imprimée de son vivant*[1]; *et il est certain que personne jusqu'ici n'a vu aucun exemplaire du* Dom Juan *au nom de Louis Billaine.*

Mais a-t-on jamais rencontré un exemplaire du Convitato di pietra *de Giliberto, qui a cependant*

---

1. Lettre à M. Chauvelin, août 1731.

été bel et bien imprimé à Naples en 1652, et signalé dès 1666 par la DRAMMATURGIA *d'Allacci?*

On n'a pas vu davantage un exemplaire du DOM JUAN *de Molière au nom de Guillaume de Luyne, et cependant ce libraire, dont on connaît les éditions des* PRÉCIEUSES, *de* SGANARELLE, *des deux* ÉCOLES, *de la* CRITIQUE, *des* FACHEUX, *etc., aurait également publié le* DOM JUAN, *probablement comme associé au privilège de Billaine, puisqu'on lit sur le titre du* FESTIN DE PIERRE, 1699 *(à la Sphère), qui fait partie du tome III de l'édition de Berlin, 1700 : « Sur l'imprimé à Paris, chez Guillaume de Luyne. »*

Si cette mention sans date n'est pas une simple supercherie déguisant une contrefaçon des éditions hollandaise et flamande, une édition de Luyne donnant le texte intégral aurait donc été détruite, et ce serait sur un exemplaire heureusement sauvé qu'on aurait publié les textes d'Amsterdam 1683, Bruxelles 1694 et Berlin 1699.

Si non, reste à résoudre ce petit problème : comment l'imprimeur hollandais de 1683 s'était-il procuré le texte de DOM JUAN, *que les éditeurs parisiens de 1682 n'avaient pu donner complet, même avant les fameux cartons exigés par la police? Ce qui revient à dire : Avons-nous bien le vrai texte de Molière?*

GEORGES MONVAL.

DOM JUAN

ou

LE FESTIN DE PIERRE

COMÉDIE EN CINQ ACTES

LES PERSONNAGES

DOM JUAN, fils de Dom Louis.
SGANARELLE, valet de Dom Juan.
ELVIRE, femme de Dom Juan.
GUSMAN, écuyer d'Elvire.
DOM CARLOS, } frères d'Elvir
DOM ALONSE,
DOM LOUIS, père de Dom Juan.
FRANCISQUE, pauvre.
CHARLOTTE, } paysannes.
MATHURINE,
PIERROT, paysan.
LA STATUE du Commandeur.
LA VIOLETTE, } laquais de Dom Juan.
RAGOTIN,
MONSIEUR DIMANCHE, marchand.
LA RAMÉE, spadassin.
SUITE de Dom Juan.
SUITE de Dom Carlos et de Dom Alonse, frères.
UN SPECTRE.

La scène est en Sicile.

DOM JUAN

ou

LE FESTIN DE PIERRE

ACTE PREMIER

SCÈNE PREMIÈRE

SGANARELLE, GUSMAN.

SGANARELLE, *tenant une tabatière.*

Quoi que puisse dire Aristote et toute la philosophie, il n'est rien d'égal au tabac; c'est la passion des honnêtes gens, et qui vit sans tabac n'est pas digne de vivre : non seulement il réjouit et purge les cerveaux humains, mais encore il instruit les âmes à la vertu, et l'on apprend avec lui à devenir honnête homme. Ne voyez-vous pas bien, dès qu'on en prend, de quelle manière obligeante on en use avec tout le monde, et comme on est ravi d'en donner à droit et à gauche, partout où l'on se trouve? On n'attend pas même qu'on en demande, et l'on court au-devant du souhait des gens : tant il est vrai que le tabac inspire des sentiments d'honneur et de vertu à tous ceux qui en prennent. Mais c'est assez de cette matière; reprenons un peu notre discours. Si bien donc, cher Gusman, que Done Elvire, ta maîtresse, surprise de notre départ, s'est mise en campagne après nous, et son cœur, que mon maître a su toucher trop fortement, n'a pu vivre, dis-tu, sans le venir chercher ici. Veux-tu qu'entre nous je te dise ma pensée? J'ai peur qu'elle ne soit mal payée de son amour, que son voyage en cette ville produise peu de fruit, et que vous eussiez autant gagné à ne bouger de là.

GUSMAN.

Et la raison encore? Dis-moi, je te prie, Sganarelle, qui peut t'inspirer une peur d'un si mauvais augure. Ton maître t'a-t-il ouvert son cœur là-dessus, et t'a-t-il dit qu'il eût pour nous quelque froideur qui l'ait obligé à partir?

SGANARELLE.

Non pas; mais, à vue de pays, je connois à peu près le train des choses, et, sans qu'il m'ait encore rien dit, je gagerois presque que l'affaire va là. Je pourrois peut-être me tromper, mais enfin, sur de tels sujets, l'expérience m'a pu donner quelques lumières.

GUSMAN.

Quoi! ce départ si peu prévu seroit une infidélité de Dom Juan? Il pourroit faire cette injure aux chastes feux de Done Elvire?

SGANARELLE.

Non, c'est qu'il est jeune encore, et qu'il n'a pas le courage...

GUSMAN.

Un homme de sa qualité feroit une action si lâche?

SGANARELLE.

Eh! oui. Sa qualité! la raison en est belle, et c'est par là qu'il s'empêcheroit des choses!

GUSMAN.

Mais les saints nœuds du mariage le tiennent engagé.

SGANARELLE.

Eh! mon pauvre Gusman, mon ami, tu ne sais pas encore, crois-moi, quel homme est Dom Juan.

GUSMAN.

Je ne sais pas, de vrai, quel homme il peut être, s'il faut qu'il nous ait fait cette perfidie; et je ne comprends point comme, après tant d'amour et tant d'impatience témoignée, tant d'hommages pressants, de vœux, de soupirs et de larmes, tant de lettres passionnées, de protestations ardentes et de serments réitérés, tant de transports enfin et tant d'emportements, qu'il a fait paroître, jusqu'à forcer, dans sa passion, l'obstacle sacré d'un convent pour mettre Done Elvire en sa puissance ; je ne comprends pas, dis-je, comme après tout cela il auroit le cœur de pouvoir manquer à sa parole.

SGANARELLE.

Je n'ai pas grande peine à le comprendre, moi, et, si tu connoissois le pèlerin, tu trouverois la chose assez facile pour lui. Je ne dis pas qu'il ait changé de sentiments pour Done Elvire, je n'en ai point de certitude encore : tu sais que, par son ordre, je partis avant lui, et, depuis son arrivée, il ne m'a point entretenu ; mais, par précaution, je t'apprends (*inter nos*) que tu vois en Dom Juan, mon maître, le plus grand scélérat que la terre ait jamais porté, un enragé, un chien, un diable, un Turc, un hérétique, qui ne croit ni ciel, ni enfer, ni loup-garou, qui passe cette vie en véritable bête brute, un pourceau d'Épicure, un vrai Sardanapale, qui ferme l'oreille à toutes les remontrances qu'on lui peut faire, et traite de billevesées tout ce que nous croyons. Tu me dis qu'il a épousé ta maîtresse : crois qu'il auroit plus fait pour sa passion, et qu'avec elle il auroit encore épousé toi, son chien et son chat. Un mariage ne lui coûte rien à contracter; il ne se sert point d'autres pièges pour attraper les belles, et c'est un épouseur à toutes mains : dame, demoiselle, bourgeoise, paysanne, il ne trouve rien de trop chaud ni de trop froid pour lui; et, si je te disois le nom de toutes celles qu'il a épousées en divers lieux, ce seroit un chapitre à durer jusques au soir. Tu demeures surpris et changes de couleur à ce discours; ce n'est là qu'une ébauche du personnage, et, pour en achever le portrait, il faudroit bien d'autres coups de pinceau. Suffit qu'il faut que le courroux du Ciel l'accable quelque jour, qu'il me vaudroit bien mieux d'être au diable que d'être à lui, et qu'il me fait voir tant d'horreurs que je souhaiterois qu'il fût déjà je ne sais où. Mais un grand seigneur méchant homme est une terrible chose. Il faut que je lui sois fidèle en dépit que j'en aie; la crainte en moi fait l'office du zèle, bride mes sentiments, et me réduit d'applaudir bien souvent à ce que mon âme déteste. Le voilà qui vient se promener dans ce palais : séparons-nous. Écoute au moins, je t'ai fait cette confidence avec franchise, et cela m'est sorti un peu bien vite de la bouche; mais, s'il falloit qu'il en vînt quelque chose à ses oreilles, je dirois hautement que tu aurois menti.

SCÈNE II

DOM JUAN, SGANARELLE.

Dom Juan.

Quel homme te parloit là? Il a bien l'air, ce me semble, du bon Gusman de Done Elvire?

Sganarelle.

C'est quelque chose aussi à peu près de cela.

Dom Juan.

Quoi! c'est lui?

Sganarelle.

Lui-même.

Dom Juan.

Et depuis quand est-il en cette ville?

Sganarelle.

D'hier au soir.

Dom Juan.

Et quel sujet l'amène?

Sganarelle.

Je crois que vous jugez assez ce qui le peut inquiéter.

Dom Juan.

Notre départ, sans doute?

ACTE I, SCÈNE II

SGANARELLE.

Le bonhomme en est tout mortifié, et m'en demandoit le sujet.

DOM JUAN.

Et quelle réponse as-tu faite?

SGANARELLE.

Que vous ne m'en aviez rien dit.

DOM JUAN.

Mais encore, quelle est ta pensée là-dessus? Que t'imagines-tu de cette affaire?

SGANARELLE.

Moi, je crois, sans vous faire tort, que vous avez quelque nouvel amour en tête.

DOM JUAN.

Tu le crois?

SGANARELLE.

Oui.

DOM JUAN.

Ma foi, tu ne te trompes pas, et je dois t'avouer qu'un autre objet a chassé Elvire de ma pensée.

SGANARELLE.

Eh! mon Dieu, je sais mon Dom Juan sur le bout du doigt, et connois votre cœur pour le plus grand coureur du monde; il se plaît à se promener de liens en liens, et n'aime guère à demeurer en place.

Dom Juan.

Et ne trouves-tu pas, dis-moi, que j'ai raison d'en user de la sorte?

Sganarelle.

Eh! Monsieur...

Dom Juan.

Quoi? Parle.

Sganarelle.

Assurément que vous avez raison si vous le voulez, on ne peut pas aller là contre; mais, si vous ne le vouliez pas, ce seroit peut-être une autre affaire.

Dom Juan.

Eh bien, je te donne la liberté de parler et de me dire tes sentiments.

Sganarelle.

En ce cas, Monsieur, je vous dirai franchement que je n'approuve point votre méthode, et que je trouve fort vilain d'aimer de tous côtés comme vous faites.

Dom Juan.

Quoi! tu veux qu'on se lie à demeurer au premier objet qui nous prend, qu'on renonce au monde pour lui, et qu'on n'ait plus d'yeux pour personne? La belle chose de vouloir se piquer d'un faux honneur d'être fidèle, de s'ensevelir pour toujours dans une passion, et d'être mort dès sa jeunesse à toutes les autres beautés qui nous peuvent frapper les yeux! Non, non, la constance n'est bonne que pour des ridicules; toutes les belles ont droit de nous charmer, et l'avantage d'être rencontrée la première ne doit point dérober aux autres les justes prétentions qu'elles ont toutes sur nos cœurs. Pour moi, la beauté me ravit partout où je la trouve, et je cède facilement à cette douce violence dont elle nous entraîne. J'ai beau être engagé, l'amour que j'ai pour une belle n'engage point mon âme à faire injustice aux autres; je conserve des yeux pour voir le mérite de toutes, et rends à chacune les hommages et les tributs où la nature nous oblige. Quoi qu'il en soit, je ne puis refuser mon cœur à tout ce que je vois d'aimable, et, dès qu'un beau visage me le demande, si j'en avois dix mille, je les donnerois tous. Les inclinations naissantes, après tout, ont des charmes inexplicables, et tout le plaisir de l'amour est dans le changement. On goûte une douceur extrême à réduire par cent hommages le cœur d'une jeune beauté, à voir de jour en jour les petits progrès qu'on y fait, à combattre par des transports, par des larmes et des soupirs, l'innocente pudeur d'une âme qui a peine à rendre les armes; à forcer pied à pied toutes les petites résistances qu'elle nous oppose, à vaincre les scrupules dont elle se fait un honneur, et la mener doucement où nous avons envie de la faire venir. Mais, lorsqu'on en est maître une fois, il n'y a plus rien à dire ni rien à souhaiter ; tout le beau de la passion est fini, et nous nous endormons dans la tranquillité d'un tel amour si quelque objet nouveau ne vient réveiller nos désirs et présenter à notre cœur les charmes attrayants d'une conquête à faire. Enfin il n'est rien de si doux que de triompher de la résistance d'une belle personne, et j'ai sur ce sujet l'ambition des conquérants, qui volent perpétuellement de victoire en victoire et ne peuvent se résoudre à borner leurs souhaits. Il n'est rien qui puisse arrêter l'impétuosité de mes désirs ; je me sens un cœur à aimer toute la terre, et, comme Alexandre, je souhaiterois qu'il y eût d'autres mondes pour y pouvoir étendre mes conquêtes amoureuses.

SGANARELLE.

Vertu de ma vie ! comme vous débitez ! Il semble que vous ayez appris cela par cœur, et vous parlez tout comme un livre.

DOM JUAN.

Qu'as-tu à dire là-dessus ?

SGANARELLE.

Ma foi, j'ai à dire... je ne sais que dire : car vous tournez les choses d'une manière qu'il semble que vous avez raison ; et cependant il est vrai que vous ne l'avez pas. J'avois les plus belles pensées du monde, et vos discours m'ont brouillé tout cela.

Laissez faire : une autre fois je mettrai mes raisonnements par écrit pour disputer avec vous.

DOM JUAN.

Tu feras bien.

SGANARELLE.

Mais, Monsieur, cela seroit-il de la permission que vous m'avez donnée si je vous disois que je suis tant soit peu scandalisé de la vie que vous menez?

DOM JUAN.

Comment? quelle vie est-ce que je mène?

SGANARELLE.

Fort bonne. Mais, par exemple, de vous voir tous les mois vous marier comme vous faites...

DOM JUAN.

Y a-t-il rien de plus agréable?

SGANARELLE.

Il est vrai, je conçois que cela est fort agréable et fort divertissant, et je m'en accommoderois assez, moi, s'il n'y avoit point de mal; mais, Monsieur, se jouer ainsi d'un mystère sacré, et...

DOM JUAN.

Va, va, c'est une affaire entre le Ciel et moi, et nous la démêlerons bien ensemble, sans que tu t'en mettes en peine.

SGANARELLE.

Ma foi, Monsieur, j'ai toujours ouï dire que c'est une méchante raillerie que de se railler du

Ciel, et que les libertins ne font jamais une bonne fin.

Dom Juan.

Holà! maître sot, vous savez que je vous ai dit que je n'aime pas les faiseurs de remontrances.

Sganarelle.

Je ne parle pas aussi à vous, Dieu m'en garde! Vous savez ce que vous faites, vous, et, si vous ne croyez rien, vous avez vos raisons; mais il y a de certains petits impertinents dans le monde qui sont libertins sans savoir pourquoi, qui font les esprits forts parce qu'ils croient que cela leur sied bien; et, si j'avois un maître comme cela, je lui dirois fort nettement, le regardant en face : « Osez-vous bien ainsi vous jouer au Ciel, et ne tremblez-vous point de vous moquer comme vous faites des choses les plus saintes? C'est bien à vous, petit ver de terre, petit mirmidon que vous êtes (je parle au maître que j'ai dit), c'est bien à vous à vouloir vous mêler de tourner en raillerie ce que tous les hommes révèrent. Pensez-vous que, pour être de qualité, pour avoir une perruque blonde et bien frisée, des plumes à votre chapeau, un habit bien doré et des rubans couleur de feu (ce n'est pas à vous que je parle, c'est à l'autre), pensez-vous, dis-je, que vous en soyez plus habile homme, que tout vous soit permis, et qu'on n'ose vous dire vos vérités? Apprenez de moi, qui suis votre valet, que le Ciel punit tôt ou tard les impies, qu'une méchante vie amène une méchante mort, et que... »

DOM JUAN.

Paix!

SGANARELLE.

De quoi est-il question?

DOM JUAN.

Il est question de te dire qu'une beauté me tient au cœur, et qu'entraîné par ses appas, je l'ai suivie jusques en cette ville.

SGANARELLE.

Et n'y craignez-vous rien, Monsieur, de la mort de ce commandeur que vous tuâtes il y a six mois?

DOM JUAN.

Et pourquoi craindre? Ne l'ai-je pas bien tué?

SGANARELLE.

Fort bien, le mieux du monde, et il auroit tort de se plaindre.

DOM JUAN.

J'ai eu ma grâce de cette affaire.

SGANARELLE.

Oui, mais cette grâce n'éteint pas peut-être le ressentiment des parents et des amis, et...

DOM JUAN.

Ah! n'allons point songer au mal qui nous peut arriver, et songeons seulement à ce qui nous peut donner du plaisir. La personne dont je te parle est une jeune fiancée, la plus agréable du monde, qui a été conduite ici par celui même qu'elle y vient épouser; et le hasard me fit voir ce couple d'amants trois ou quatre jours avant leur voyage. Jamais je n'ai vu deux personnes être si contents l'un de l'autre et faire éclater plus d'amour. La tendresse visible de leurs mutuelles ardeurs me donna de l'émotion; j'en fus frappé au cœur, et mon amour commença par la jalousie. Oui, je ne pus souffrir d'abord de les voir si bien ensemble, le dépit alarma mes désirs, et je me figurai un plaisir extrême à pouvoir troubler leur intelligence et rompre cet attachement, dont la délicatesse de mon cœur se tenoit offensée; mais jusques ici tous mes efforts ont été inutiles, et j'ai recours au dernier remède. Cet époux prétendu doit aujourd'hui régaler sa maîtresse d'une promenade sur mer; sans t'en avoir rien dit, toutes choses sont préparées pour satisfaire mon amour, et j'ai une petite barque et des gens avec quoi fort facilement je prétends enlever la belle.

SGANARELLE.

Ha! Monsieur...

DOM JUAN.

Hein?

SGANARELLE.

C'est fort bien fait à vous, et vous le prenez

comme il faut : il n'est rien tel en ce monde que de se contenter.

Dom Juan.

Prépare-toi donc à venir avec moi, et prends soin toi-même d'apporter toutes mes armes, afin que... (*Il aperçoit Done Elvire.*) Ah! rencontre fâcheuse! Traître, tu ne m'avois pas dit qu'elle étoit ici elle-même.

Sganarelle.

Monsieur, vous ne me l'avez pas demandé.

Dom Juan.

Est-elle folle de n'avoir pas changé d'habit, et de venir en ce lieu-ci avec son équipage de campagne?

SCÈNE III

DONE ELVIRE, DOM JUAN, SGANARELLE.

Done Elvire.

Me ferez-vous la grâce, Dom Juan, de vouloir bien me reconnoître, et puis-je au moins espérer que vous daigniez tourner le visage de ce côté.

Dom Juan.

Madame, je vous avoue que je suis surpris, et que je ne vous attendois pas ici.

Done Elvire.

Oui, je vois bien que vous ne m'y attendiez pas, et vous êtes surpris, à la vérité, mais tout autrement que je ne l'espérois, et la manière dont vous le paroissez me persuade pleinement ce que je refusois de croire. J'admire ma simplicité et la foiblesse de mon cœur à douter d'une trahison que tant d'apparences me confirmoient. J'ai été assez bonne, je le confesse, ou plutôt assez sotte, pour me vouloir tromper moi-même et travailler à démentir mes yeux et mon jugement. J'ai cherché des raisons pour excuser à ma tendresse le relâchement d'amitié qu'elle voyoit en vous, et je me suis forgé exprès cent sujets légitimes d'un départ si précipité pour vous justifier du crime dont ma raison vous accusoit. Mes justes soupçons chaque jour avoient beau me parler, j'en rejetois la voix qui vous rendoit criminel à mes yeux, et j'écoutois avec plaisir mille chimères ridicules qui vous peignoient innocent à mon cœur. Mais enfin cet abord ne me permet plus de douter, et le coup d'œil qui m'a reçue m'apprend bien plus de choses que je ne voudrois en savoir. Je serai bien aise pourtant d'ouïr de votre bouche les raisons de votre départ. Parlez, Dom Juan, je vous prie, et voyons de quel air vous saurez vous justifier.

Dom Juan.

Madame, voilà Sganarelle qui sait pourquoi je suis parti.

Sganarelle.

Moi, Monsieur? je n'en sais rien, s'il vous plaît.

Done Elvire.

Hé bien! Sganarelle, parlez; il n'importe de quelle bouche j'entende ces raisons.

Dom Juan, *faisant signe d'approcher à Sganarelle.*

Allons, parle donc à madame.

Sganarelle.

Que voulez-vous que je dise?

Done Elvire.

Approchez, puisqu'on le veut ainsi, et me dites un peu les causes d'un départ si prompt.

Dom Juan.

Tu ne répondras pas?

Sganarelle.

Je n'ai rien à répondre; vous vous moquez de votre serviteur.

Dom Juan.

Veux-tu répondre, te dis-je!

Sganarelle.

Madame...

Done Elvire.

Quoi?

SGANARELLE, *se retournant vers son maître.*
Monsieur...

DOM JUAN.

Si...

SGANARELLE.

Madame, les conquérants, Alexandre et les autres mondes sont cause de notre départ. Voilà, Monsieur, tout ce que je puis dire.

DONE ELVIRE.

Vous plaît-il, Dom Juan, nous éclaircir ces beaux mystères ?

DOM JUAN.

Madame, à vous dire la vérité...

DONE ELVIRE.

Ah! que vous savez mal vous défendre pour un homme de cour, et qui doit être accoutumé à ces sortes de choses! J'ai pitié de vous voir la confusion que vous avez. Que ne vous armez-vous le front d'une noble effronterie? Que ne me jurez-vous que vous êtes toujours dans les mêmes sentiments pour moi, que vous m'aimez toujours avec une ardeur sans égale, et que rien n'est capable de vous détacher de moi que la mort? Que ne me dites-vous que des affaires de la dernière conséquence vous ont obligé à partir sans m'en donner avis, qu'il faut que malgré vous vous demeuriez ici quelque temps, et que je n'ai qu'à m'en retourner d'où je viens, assurée que vous suivrez mes pas le plus tôt qu'il vous sera possible ; qu'il est certain que vous brûlez de me rejoindre, et qu'éloigné de moi vous souffrez ce que souffre un corps qui est séparé de son âme? Voilà comme il faut vous défendre, et non pas être interdit comme vous êtes.

Dom Juan.

Je vous avoue, Madame, que je n'ai point le talent de dissimuler et que je porte un cœur sincère. Je ne vous dirai point que je suis toujours dans les mêmes sentiments pour vous et que je brûle de vous rejoindre, puisque enfin il est assuré que je ne suis parti que pour vous fuir : non point par les raisons que vous pouvez vous figurer, mais par un pur motif de conscience, et pour ne croire pas qu'avec vous davantage je puisse vivre sans péché. Il m'est venu des scrupules, Madame, et j'ai ouvert les yeux de l'âme sur ce que je faisois. J'ai fait réflexion que, pour vous épouser, je vous ai dérobée à la clôture d'un convent, que vous avez rompu des vœux qui vous engageoient autre part, et que le Ciel est fort jaloux de ces sortes de choses. Le repentir m'a pris, et j'ai craint le courroux céleste. J'ai cru que notre mariage n'étoit qu'un adultère déguisé, qu'il nous attireroit quelque disgrâce d'en haut, et qu'enfin je devois tâcher de vous oublier et vous donner moyen de retourner à vos premières chaînes. Voudriez-vous, Madame, vous opposer à une si sainte pensée, et que j'allasse, en vous retenant, me mettre le Ciel sur les bras; que par...

DONE ELVIRE,

Ah! scélérat! c'est maintenant que je te connois tout entier, et, pour mon malheur, je te connois lorsqu'il n'en est plus temps, et qu'une telle connoissance ne peut plus me servir qu'à me désespérer. Mais sache que ton crime ne demeurera pas impuni, et que le même Ciel dont tu te joues me saura venger de ta perfidie.

DOM JUAN.

Sganarelle, le Ciel!

SGANARELLE.

Vraiment oui, nous nous moquons bien de cela, nous autres!

DOM JUAN.

Madame...

DONE ELVIRE.

Il suffit, je n'en veux pas ouïr davantage, et je m'accuse même d'en avoir trop entendu. C'est une lâcheté que de se faire expliquer trop sa honte, et sur de tel sujets un noble cœur au premier mot doit prendre son parti. N'attends pas que j'éclate ici en reproches et en injures; non, non, je n'ai point un courroux à exhaler en paroles vaines, et toute sa chaleur se réserve pour sa vengeance. Je te le dis encore, le Ciel te punira, per-

ffide, de l'outrage que tu me fais, et, si le Ciel n'a
rien que tu puisses appréhender, appréhende du
moins la colère d'une femme offensée.

(*Elle sort.*)

SGANARELLE, *à part.*

Si le remords le pouvoit prendre !

DOM JUAN, *après une petite réflexion.*

Allons songer à l'exécution de notre entreprise
amoureuse.

SGANARELLE, *seul.*

Ah ! quel abominable maître me vois-je obligé
de servir !

ACTE II

SCÈNE PREMIÈRE

CHARLOTTE, PIERROT.

CHARLOTTE.

Nostre-dinse, Piarrot, tu t'es trouvé là bien à point.

PIERROT.

Parquienne! il ne s'en est pas fallu l'époisseur d'une éplinque qu'ils ne se sayant nayés tous deux.

CHARLOTTE.

C'est donc le coup de vent da matin qui les avoit ranvarsés dans la mar?

PIERROT.

Aga, guien, Charlotte, je m'en vas te conter tout fin drait comme cela est venu, car, comme dit l'autre, je les ai le premier avisés, avisés le premier je les ai. Enfin donc, j'estions sur le bord de la mar, moi et le gros Lucas, et je nous amu-

sions à batifoler avec des mottes de tarre que je
nous jesquions à la teste : car, comme tu sais bian,
le gros Lucas aime à batifoler, et moi par fouas je
batifole itou. En batifolant donc, pisque batifoler
y a, j'ai aparçu de tout loin queuque chose qui
grouilloit dans gliau, et qui venoit comme envars
nous par secousse. Je voyois cela fixiblement, et
pis tout d'un coup je voyois que je ne voyois plus
rien. « Eh! Lucas, ç'ai-je fait, je pense que vlà
des hommes qui nageant là-bas. — Voire, ce m'a-
t-il fait, t'as esté au trépassement d'un chat, t'as
la vue trouble. — Palsanquienne! ç'ai-je fait, je
n'ai point la vue trouble, ce sont des hommes. —
Point du tout, ce m'a-t-il fait, t'as la barlue. —
Veux-tu gager, ç'ai-je fait, que je n'ai point la
barlue, ç'ai-je fait, et que sont deux hommes,
ç'ai-je fait, qui nageant droit ici? ç'ai-je fait. —
Morquenne! ce m'a-t-il fait, je gage que non. —
O! çà, ç'ai-je fait, veux-tu gager dix sols que si?
— Je le veux bian, ce m'a-t-il fait, et pour te montrer, vlà argent su jeu », ce m'a-t-il fait. Moi, je
n'ai point esté ni fou ni estourdi, j'ai bravement
bouté à tarre quatre pièces tapées et cinq sols en
doubles, jergniguenne, aussi hardiment que si j'a-
vois avalé un varre de vin, car je ses hazardeux,
moi, et je vas à la débandade. Je savois bian ce
que je faisois, pourtant. Queuque gniais! Enfin
donc, je n'avons pas putost eu gagé que j'avons

vu les deux hommes tout à plain qui nous faisiant signe de les aller querir; et moi de tirer auparavant les enjeux. « Allons, Lucas, ç'ai-je dit, tu vois bian qu'il nous appelont; allons viste à leu secours. — Non, ce m'a-t-il dit, ils m'ont fait pardre. » O! donc, tanquia qu'à la parfin, pour le faire court, je l'ai tant sarmonné que je nous sommes boutés dans une barque, et pis j'avons tant fait cahin-caha que je les avons tirés de gliau, et pis je les avons menés cheux nous auprès du feu, et pis ils se sart depouillés tous nus pour se sécher, et pis il y en est venu encore deux de la mesme bande qui s'equiant sauvés tout seuls, et pis Mathurine est arrivée là, à qui l'en a fait les doux yeux. Vlà justement, Charlotte, comme tout ça s'est fait.

CHARLOTTE.
Ne m'as-tu pas dit, Piarrot, qu'il y en a un qu'est bien pu mieux fait que les autres?

PIERROT.
Oui, c'est le maître. Il faut que ce soit queuque gros, gros monsieur, car il a du dor à son habit tout depis le haut jusqu'en bas, et ceux qui le servont sont des monsieux eux-mesmes; et stapandant, tout gros monsieur qu'il est, il seroit, par ma fique, nayé, si je n'aviomme esté là.

CHARLOTTE.
Ardez un peu!

PIERROT.

O! parquenne! sans nous il en avoit pour sa maine de fèves.

CHARLOTTE.

Est-il encor cheux toi tout nu, Piarrot?

PIERROT.

Nannain, ils l'avont rhabillé tout devant nous. Mon quieu, je n'en avois jamais vu s'habiller : que d'histoires et d'angigorniaux boutont ces messieus-là les courtisans! Je me pardrois là dedans, pour moi, et j'estois tout ébobi de voir ça. Quien, Charlotte, ils avont des cheveux qui ne tenont point à leu teste, et ils boutont ça après tout comme un gros bonnet de filace. Ils ant des chemises qui ant des manches où j'entrerions tout brandis toi et moi. En glieu d'haut-de-chausse, ils portont un garderobe aussi large que d'ici à Pasque; en glieu de pourpoint, de petites brassières qui ne leu venont pas jusqu'au brichet, et, en glieu de rabats, un grand mouchoir de cou à reziau aveuc quatre grosses houppes de linge qui leu pendont sur l'estomaque. Ils avont itou d'autres petits rabats au bout des bras, et de grands entonnois de passement aux jambes, et parmi tout ça tant de rubans, tant de rubans, que c'est une vraie piquié. Ignia pas jusqu'aux souliers qui n'en soiont farcis tout depis un bout jusqu'à l'autre, et ils sont faits d'eune façon que je me romprois le cou aveuc.

CHARLOTTE.

Par ma fi, Piarrot, il faut que j'aille voir un peu ça.

PIERROT.

O! acoute un peu auparavant, Charlotte : j'ai queuque autre chose à te dire, moi.

CHARLOTTE.

Et bian, dis, qu'est-ce que c'est?

PIERROT.

Vois-tu, Charlotte, il faut, comme dit l'autre, que je débonde mon cœur. Je t'aime, tu le sais bian, et je sommes pour estre mariés ensemble; mais, marquenne, je ne suis point satisfait de toi.

CHARLOTTE.

Quement? qu'est-ce que c'est donc qu'iglia?

PIERROT.

Iglia que tu me chagraignes l'esprit, franchement.

CHARLOTTE.

Et quement donc?

PIERROT.

Testiguienne! tu ne m'aimes point.

CHARLOTTE.

Ah! ah! n'est que ça?

PIERROT.

Oui, ce n'est que ça, et c'est bian assez.

CHARLOTTE.

Mon quieu, Piarrot, tu me viens toujou dire la mesme chose.

PIERROT.

Je te dis toujou la mesme chose parce que c'est toujou la mesme chose, et, si ce n'étoit pas toujou la mesme chose, je ne te dirois pas toujou la mesme chose.

CHARLOTTE.

Mais qu'est-ce qu'il te faut? que veux-tu?

PIERROT.

Jerniquienne, je veux que tu m'aimes.

CHARLOTTE.

Est-ce que je ne t'aime pas?

PIERROT.

Non, tu ne m'aimes pas, et si je fais tout ce que je pis pour ça. Je t'achète, sans reproche, des rubans à tous les marciers qui passont, je me romps le cou à t'aller dénicher des marles, je fais jouer pour toi les vielleux quand ce vient ta feste, et tout ça comme si je me frappois la teste contre un mur. Vois-tu, ça n'est ni biau ni honneste de n'aimer pas les gens qui nous aimont.

CHARLOTTE.

Mais, mon guieu, je t'aime aussi.

PIERROT.

Oui, tu m'aimes d'une belle deguaine!

CHARLOTTE.

Quement veux-tu donc qu'on fasse?

PIERROT.

Je veux que l'en fasse comme l'en fait quand l'en aime comme il faut.

CHARLOTTE.

Ne t'aimé-je pas aussi comme il faut?

PIERROT.

Non : quand ça est, ça se voit, et l'en fait mille petites singeries aux personnes quand on les aime du bon du cœur. Regarde la grosse Thomasse comme alle est assotée du jeune Robain : alle est toujou autour de li à l'agacer, et ne le laisse jamais en repos; toujou alle li fait queuque niche, ou li baille quelque taloche en passant; et, l'autre jour qu'il estoit assis sur un escabiau, al fut le tirer de dessous li, et le fit choir tout de son long par tarre. Jarni! vlà où l'en voit les gens qui aimont; mais toi, tu ne me dis jamais mot, t'es toujou là comme eune vraie souche de bois, et je passerois vingt fois devant toi que tu ne te grouillerois pas pour me bailler le moindre coup ou me dire la moindre chose. Ventrequenne! ça n'est pas bian, après tout, et t'es trop froide pour les gens.

CHARLOTTE.

Que veux-tu que j'y fasse? C'est mon himeur, et je ne me pis refondre.

ACTE II, SCÈNE I

PIERROT.

Ignia himeur qui quienne; quand en a de l'amiquié pour les personnes, l'an en baille toujou queuque petite signifiance.

CHARLOTTE.

Enfin je t'aime tout autant que je pis, et, si tu n'es pas content de ça, tu n'as qu'à en aimer queuque autre.

PIERROT.

Eh bien! vlà pas mon compte. Testigué! si tu m'aimois, me dirois-tu ça?

CHARLOTTE.

Pourquoi me viens-tu aussi tarabuster l'esprit?

PIERROT.

Morqué! queu mal te fais-je? Je ne te demande qu'un peu d'amiquié.

CHARLOTTE.

Eh bian, laisse faire aussi, et ne me presse point tant; peut-être que ça viendra tout d'un coup sans y songer.

PIERROT.

Touche donc là, Charlotte.

CHARLOTTE.

Eh bien! quien.

PIERROT.

Promets-moi donc que tu tâcheras de m'aimer davantage.

CHARLOTTE.

J'y ferai tout ce que je pourrai, mais il faut que ça vienne de lui-mesme. Piarrot, est-ce là ce monsieur?

PIERROT.

Oui, le vlà.

CHARLOTTE.

Ah! mon quieu, qu'il est genti, et que ç'auroit esté dommage qu'il eût esté nayé!

PIERROT.

Je revians tout à l'heure. Je m'en vas boire chopaine, pour me rebouter tant soit peu de la fatigue que j'ais eue.

SCÈNE II

DOM JUAN, SGANARELLE, CHARLOTTE.

DOM JUAN.

Nous avons manqué notre coup, Sganarelle, et cette bourrasque imprévue a renversé avec notre barque le projet que nous avions fait; mais, à te dire vrai, la paysanne que je viens de quitter répare ce malheur, et je lui ai trouvé des charmes qui effacent de mon esprit tout le chagrin que me donnoit le mauvais succès de notre entreprise. Il ne faut pas que ce cœur m'échappe, et j'y ai déjà jeté des dispositions à ne pas me souffrir longtemps de pousser des soupirs.

SGANARELLE.

Monsieur, j'avoue que vous m'étonnez. A peine sommes-nous échappés d'un péril de mort qu'au lieu de rendre grâce au Ciel de la pitié qu'il a daigné prendre de nous, vous travaillez tout de nouveau à attirer sa colère par vos fantaisies accoutumées et vos amours cr... Paix! coquin que vous êtes, vous ne savez ce que vous dites, et Monsieur sait ce qu'il fait. Allons.

DOM JUAN, *apercevant Charlotte.*

Ah! ah! d'où sort cette autre paysanne, Sganarelle? As-tu rien vu de plus joli? et ne trouves-tu pas, dis-moi, que celle-ci vaut bien l'autre?

SGANARELLE..

Assurément! (*A part.*) Autre pièce nouvelle.

DOM JUAN.

D'où me vient, la belle, une rencontre si agréable? Quoi! dans ces lieux champêtres, parmi ces arbres et ces rochers, on trouve des personnes faites comme vous êtes?

CHARLOTTE.

Vous voyez, Monsieur.

DOM JUAN.

Êtes-vous de ce village?

CHARLOTTE.

Oui, Monsieur.

Dom Juan.

Dom Juan.

Et vous y demeurez?

Charlotte.

Oui, Monsieur.

Dom Juan.

Vous vous appelez?

Charlotte.

Charlotte, pour vous servir.

Dom Juan.

Ah! la belle personne! et que ses yeux sont pénétrants!

Charlotte.

Monsieur, vous me rendez toute honteuse.

Dom Juan.

Ah! n'ayez point de honte d'entendre dire vos vérités. Sganarelle, qu'en dis-tu? Peut-on rien voir de plus agréable? Tournez-vous un peu, s'il vous plaît : ah! que cette taille est jolie! Haussez un peu la tête, de grâce : ah! que ce visage est mignon! Ouvrez vos yeux entièrement : ah! qu'ils sont beaux! Que je voie un peu vos dents, je vous prie : ah! qu'elles sont amoureuses! et ces lèvres appétissantes! Pour moi, je suis ravi, et je n'ai jamais vu une si charmante personne.

Charlotte.

Monsieur, cela vous plaît à dire, et je ne sais pas si c'est pour vous railler de moi.

DOM JUAN.

Moi, me railler de vous! Dieu m'en garde; je vous aime trop pour cela, et c'est du fond du cœur que je vous parle.

CHARLOTTE.

Je vous suis bien obligée, si ça est.

DOM JUAN.

Point du tout, vous ne m'êtes point obligée de tout ce que je dis, et ce n'est qu'à votre beauté que vous en êtes redevable.

CHARLOTTE.

Monsieur, tout ça est trop bien dit pour moi, et je n'ai pas d'esprit pour vous répondre.

DOM JUAN.

Sganarelle, regarde un peu ses mains.

CHARLOTTE.

Fi, Monsieur, elles sont noires comme je ne sais quoi.

DOM JUAN.

Ha! que dites-vous là? Elles sont les plus belles du monde; souffrez que je les baise, je vous prie.

CHARLOTTE.

Monsieur, c'est trop d'honneur que vous me faites, et, si j'avois su ça tantôt, je n'aurois pas manqué de les laver avec du son.

DOM JUAN.

Et dites-moi un peu, belle Charlotte, vous n'êtes pas mariée, sans doute?

Charlotte.

Non, Monsieur, mais je dois bientôt l'être avec Piarrot, le fils de la voisine Simonette.

Dom Juan.

Quoi! une personne comme vous seroit la femme d'un simple paysan! Non, non, c'est profaner tant de beautés, et vous n'êtes pas née pour demeurer dans un village; vous méritez sans doute une meilleure fortune, et le Ciel, qui le connoît bien, m'a conduit ici tout exprès pour empêcher ce mariage et rendre justice à vos charmes : car enfin, belle Charlotte, je vous aime de tout mon cœur, et il ne tiendra qu'à vous que je vous arrache de ce misérable lieu et ne vous mette dans l'état où vous méritez d'être. Cet amour est bien prompt sans doute; mais quoi! c'est un effet, Charlotte, de votre grande beauté, et l'on vous aime autant en un quart d'heure qu'on feroit une autre en six mois.

Charlotte.

Aussi vrai, Monsieur, je ne sais comment faire quand vous parlez. Ce que vous dites me fait aise, et j'aurois toutes les envies du monde de vous croire; mais on m'a toujou dit qu'il ne faut jamais croire les monsieux, et que vous autres courtisans estes des enjoleus, qui ne songez qu'à abuser les filles.

Dom Juan.

Je ne suis pas de ces gens-là.

Sganarelle, *à part*.

Il n'a garde.

Charlotte.

Voyez-vous, Monsieur, il n'y a pas plaisir à se laisser abuser. Je suis une pauvre paysanne, mais j'ai l'honneur en recommandation, et j'aimerois mieux me voir morte que de me voir déshonorée.

Dom Juan.

Moi, j'aurois l'âme assez méchante pour abuser une personne comme vous! Je serois assez lâche pour vous déshonorer! Non, non, j'ai trop de conscience pour cela. Je vous aime, Charlotte, en tout bien et en tout honneur; et, pour vous montrer que je vous dis vrai, sachez que je n'ai point d'autre dessein que de vous épouser. En voulez-vous un plus grand témoignage? M'y voilà prêt quand vous voudrez, et je prends à témoin l'homme que voilà de la parole que je vous donne.

Sganarelle.

Non, non, ne craignez point; il se mariera avec vous tant que vous voudrez.

Dom Juan.

Ah! Charlotte, je vois bien que vous ne me connoissez pas encore. Vous me faites grand tort de juger de moi par les autres; et, s'il y a des fourbes dans le monde, des gens qui ne cherchent qu'à abuser des filles, vous devez me tirer du nombre, et ne pas mettre en doute la sincérité de ma foi. Et puis votre beauté vous assure de tout. Quand on est faite comme vous, on doit être à couvert de toutes ces sortes de crainte : vous n'avez point l'air, croyez-moi, d'une personne qu'on abuse ; et pour moi, je l'avoue, je me percerois le cœur de mille coups si j'avois eu la moindre pensée de vous trahir.

CHARLOTTE.

Mon Dieu, je ne sais si vous dites vrai ou non, mais vous faites que l'on vous croit.

DOM JUAN.

Lorsque vous me croirez, vous me rendrez justice assurément, et je vous réitère encore la promesse que je vous ai faite. Ne l'acceptez-vous pas? et ne voulez-vous pas consentir à être ma femme?

CHARLOTTE.

Oui, pourvu que ma tante le veuille.

DOM JUAN.

Touchez donc là, Charlotte, puisque vous le voulez bien de votre part.

CHARLOTTE.

Mais au moins, Monsieur, ne m'allez pas tromper, je vous prie : il y auroit de la conscience à vous, et vous voyez comme j'y vais à la bonne foi.

Dom Juan.

Comment! il semble que vous doutiez encore de ma sincérité. Voulez-vous que je fasse des serments épouvantables? Que le Ciel...

Charlotte.

Mon Dieu, ne jurez point, je vous crois.

Dom Juan.

Donnez-moi donc un petit baiser, pour gage de votre parole.

Charlotte.

Oh! Monsieur, attendez que je soyons mariés, je vous prie; après ça, je vous baiserai tant que vous voudrez.

Dom Juan.

Et bien, belle Charlotte, je veux tout ce que vous voulez; abandonnez-moi seulement votre main, et souffrez que par mille baisers je lui exprime le ravissement où je suis...

SCÈNE III

DOM JUAN, SGANARELLE, PIERROT, CHARLOTTE.

Pierrot, *se mettant entre eux deux et poussant Dom Juan.*

Tout doucement, Monsieur, tenez-vous, s'il

vous plaît; vous vous échauffez trop, et vous pourriez gagner la puresie.

Dom Juan, *repoussant rudement Pierrot.*

Qui m'amène cet impertinent?

Pierrot.

Je vous dis qu'ou vous tegniez, et qu'ou ne caressiais point nos accordées.

Dom Juan *continue de le repousser.*

Ah! que de bruit!

Pierrot.

Jerniquenne! ce n'est pas comme ça qu'il faut pousser les gens.

Charlotte, *prenant Pierrot par le bras.*

Et laisse-le faire aussi, Piarrot.

Pierrot.

Quement? que je le laisse faire? Je ne veux pas, moi.

Dom Juan.

Ah!

Pierrot.

Testiguenne! parce qu'ous estes monsieu, ous viendrez caresser nos femmes à note barbe? Allez-v's-en caresser les vostres.

Dom Juan.

Heu?

Pierrot.

Heu? (*Dom Juan lui donne un soufflet.*) Testigué! ne me frappez pas. (*Autre soufflet.*) Oh! jernigué! (*Autre soufflet.*) Ventrequé! (*Autre soufflet.*) Palsanqué! morquenne! ça n'est pas bian de battre les gens, et ce n'est pas là la récompense de v's-avoir sauvé d'estre nayé.

CHARLOTTE.

Piarrot, ne te fâche point.

PIERROT.

Je me veux fâcher, et t'es une vilainte, toi, d'endurer qu'on te cajole.

CHARLOTTE.

Oh! Piarrot, ce n'est pas ce que tu penses; ce monsieur veut m'épouser, et tu ne dois pas te bouter en colère.

PIERROT.

Quement? Jerni! tu m'es promise.

CHARLOTTE.

Ça n'y fait rien, Piarrot. Si tu m'aimes, ne dois-tu pas estre bien aise que je devienne madame?

PIERROT.

Jerniqué! non; j'aime mieux te voir crevée que de te voir à un autre.

CHARLOTTE.

Va, va, Piarrot, ne te mets point en peine : si je sis madame, je te ferai gagner queuque chose, et tu apporteras du beurre et du fromage cheux nous.

PIERROT.

Ventrequenne! je gni en porterai jamais, quand tu m'en poyrois deux fois autant. Est-ce donc comme ça que t'escoutes ce qu'il te dit? Morquenne! si j'avois su ça tantost, je me serois bian gardé de le tirer de gliau, et je gli aurois baillé un bon coup d'aviron sur la teste.

Dom Juan, *s'approchant de Pierrot pour le frapper.*

Qu'est-ce que vous dites?

Pierrot, *s'éloignant derrière Charlotte.*

Jerniquenne! je ne crains parsonne.

Dom Juan *passe du côté où est Pierrot.*

Attendez-moi un peu.

Pierrot *repasse de l'autre côté de Charlotte.*

Je me moque de tout, moi.

Dom Juan *court après Pierrot.*

Voyons cela.

Pierrot *se sauve encore derrière Charlotte.*

J'en avons bien vu d'autres.

Dom Juan.

Houais!

Sganarelle.

Eh! Monsieur, laissez là ce pauvre misérable. C'est conscience de le battre. Écoute, mon pauvre garçon, retire-toi, et ne lui dis rien.

Pierrot *passe devant Sganarelle, et dit fièrement
à Dom Juan :*

Je veux lui dire, moi !

Dom Juan *lève la main pour donner un soufflet à
Pierrot, qui baisse la tête, et Sganarelle reçoit le
soufflet.*

Ah ! je vous apprendrai.

Sganarelle, *regardant Pierrot, qui s'est baissé pour
éviter le soufflet.*

Peste soit du maroufle !

Dom Juan.

Te voilà payé de ta charité.

Pierrot.

Jarni ! je vas dire à sa tante tout ce ménage-ci.

Dom Juan.

Enfin je m'en vais être le plus heureux de tous les hommes, et je ne changerois pas mon bonheur à toutes les choses du monde. Que de plaisir quand vous serez ma femme, et que...

SCÈNE IV.

DOM JUAN, SGANARELLE, CHARLOTTE, MATHURINE.

SGANARELLE, *apercevant Mathurine.*

Ah! ah!

MATHURINE, *à Dom Juan.*

Monsieur, que faites-vous donc là avec Charlotte? Est-ce que vous lui parlez d'amour aussi?

DOM JUAN, *à Mathurine.*

Non, au contraire, c'est elle qui me témoignoit une envie d'être ma femme, et je lui répondois que j'étois engagé à vous.

CHARLOTTE.

Qu'est-ce que c'est donc que vous veut Mathurine?

DOM JUAN, *bas à Charlotte.*

Elle est jalouse de me voir vous parler, et voudroit bien que je l'épousasse; mais je lui dis que c'est vous que je veux.

MATHURINE.

Quoi! Charlotte...

DOM JUAN, *bas à Mathurine.*

Tout ce que vous lui direz sera inutile, elle s'est mis cela dans la tête.

CHARLOTTE.

Quement donc? Mathurine...

DOM JUAN, *bas à Charlotte.*

C'est en vain que vous lui parlerez, vous ne lui ôterez point cette fantaisie.

MATHURINE.

Est-ce que...?

DOM JUAN, *bas à Mathurine.*

Il n'y a pas moyen de lui faire entendre raison.

CHARLOTTE.

Je voudrois...

DOM JUAN, *bas à Charlotte.*

Elle est obstinée comme tous les diables.

MATHURINE.

Vramant...

DOM JUAN, *bas à Mathurine.*

Ne lui dites rien, c'est une folle.

CHARLOTTE.

Je pense...

DOM JUAN, *bas à Charlotte.*

Laissez-la là, c'est une extravagante.

MATHURINE.

Non, non, il faut que je lui parle.

CHARLOTTE.

Je veux voir un peu ses raisons.

MATHURINE.

Quoi?...

Dom Juan, *bas à Mathurine.*

Je gage qu'elle va vous dire que je lui ai promis de l'épouser.

Charlotte.

Je...

Dom Juan, *bas à Charlotte.*

Gageons qu'elle vous soutiendra que je lui ai donné parole de la prendre pour femme.

Mathurine.

Holà! Charlotte, ça n'est pas bien de courir sur le marché des autres.

Charlotte.

Ça n'est pas honnête, Mathurine, d'être jalouse que monsieur me parle.

Mathurine.

C'est moi que monsieur a vue la première.

Charlotte.

S'il vous a vue la première, il m'a vue la seconde, et m'a promis de m'épouser.

Dom Juan, *bas à Mathurine.*

Eh bien! que vous ai-je dit?

Mathurine.

Je vous baise les mains; c'est moi, et non pas vous, qu'il a promis d'épouser.

Dom Juan, *bas à Charlotte.*

N'ai-je pas deviné?

Charlotte.

A d'autres, je vous prie; c'est moi, vous dis-je.

MATHURINE.

Vous vous moquez des gens ; c'est moi, encore un coup.

CHARLOTTE.

Le vlà qui est pour le dire, si je n'ai pas raison.

MATHURINE.

Le vlà qui est pour me démentir, si je ne dis pas vrai.

CHARLOTTE.

Est-ce, Monsieur, que vous lui avez promis de l'épouser ?

DOM JUAN, *bas à Charlotte.*

Vous vous raillez de moi.

MATHURINE.

Est-il vrai, Monsieur, que vous lui avez donné parole d'être son mari ?

DOM JUAN, *bas à Mathurine.*

Pouvez-vous avoir cette pensée ?

CHARLOTTE.

Vous voyez qu'al le soutient.

DOM JUAN, *bas à Charlotte.*

Laissez-la faire.

MATHURINE.

Vous êtes témoin comme al l'assure.

DOM JUAN, *bas à Mathurine.*

Laissez-la dire.

CHARLOTTE.

Non, non : il faut savoir la vérité.

MATHURINE.

Il est question de juger ça.

CHARLOTTE.

Oui, Mathurine, je veux que monsieur vous montre votre bec jaune.

MATHURINE.

Oui, Charlotte, je veux que monsieur vous rende un peu camuse.

CHARLOTTE.

Monsieur, vuidez la querelle, s'il vous plaît.

MATHURINE.

Mettez-nous d'accord, Monsieur.

CHARLOTTE, *à Mathurine.*

Vous allez voir.

MATHURINE, *à Charlotte.*

Vous allez voir vous-même.

CHARLOTTE, *à Dom Juan.*

Dites.

MATHURINE, *à Dom Juan.*

Parlez.

DOM JUAN, *embarrassé, leur dit à toutes deux.*

Que voulez-vous que je dise? Vous soutenez également toutes deux que je vous ai promis de vous prendre pour femmes. Est-ce que chacune de vous ne sait pas ce qui en est, sans qu'il soit nécessaire que je m'explique davantage? Pourquoi m'obliger là-dessus à des redites? Celle à qui j'ai promis effectivement n'a-t-elle pas en elle-même de quoi se moquer des discours de l'autre, et doit-elle se mettre en peine, pourvu que j'accomplisse ma promesse? Tous les discours n'avancent point les choses; il faut faire, et non pas dire, et les effets décident mieux que les paroles. Aussi n'est-ce rien que par là que je veux vous mettre d'accord, et l'on verra, quand je me marierai, laquelle des deux a mon cœur. (*Bas, à Mathurine.*) Laissez-lui croire ce qu'elle voudra. (*Bas, à Charlotte.*) Laissez-la se flatter dans son imagination. (*Bas, à Mathurine.*) Je vous adore. (*Bas, à Charlotte.*) Je suis tout à vous. (*Bas, à Mathurine.*) Tous les visages sont laids auprès du vôtre. (*Bas, à Charlotte.*) On ne peut plus souffrir les autres quand on vous a vue. J'ai un petit ordre à donner, je viens vous retrouver dans un quart d'heure.

CHARLOTTE, *à Mathurine.*

Je suis celle qu'il aime, au moins.

MATHURINE.

C'est moi qu'il épousera.

SGANARELLE.

Ah! pauvres filles que vous êtes, j'ai pitié de votre innocence, et je ne puis souffrir de vous voir courir à votre malheur. Croyez-moi l'une et l'autre, ne vous amusez point à tous les contes qu'on vous fait, et demeurez dans votre village.

DOM JUAN, *revenant.*

Je voudrois bien savoir pourquoi Sganarelle ne me suit pas.

SGANARELLE.

Mon maître est un fourbe, il n'a dessein que de vous abuser, et en a bien abusé d'autres; c'est l'épouseur du genre humain, et... (*Il aperçoit Dom Juan.*) Cela est faux, et quiconque vous dira cela, vous lui devez dire qu'il en a menti. Mon maître n'est point l'épouseur du genre humain, il n'est point fourbe, il n'a pas dessein de vous tromper, et n'en a point abusé d'autres. Ah! tenez, le voilà, demandez-le plutôt à lui-même.

DOM JUAN.

Oui.

SGANARELLE.

Monsieur, comme le monde est plein de médisants, je vais au-devant des choses, et je leur disois que, si quelqu'un leur venoit dire du mal de vous, elles se gardassent bien de le croire, et ne manquassent pas de lui dire qu'il en auroit menti.

DOM JUAN.

Sganarelle!

SGANARELLE.

Oui, Monsieur est homme d'honneur, je le garantis tel.

Dom Juan.
Hon!
Sganarelle.
Ce sont des impertinents.

SCÈNE V

DOM JUAN, LA RAMÉE, CHARLOTTE, MATHURINE, SGANARELLE.

La Ramée.
Monsieur, je viens vous avertir qu'il ne fait pas bon ici pour vous.
Dom Juan.
Comment?
La Ramée.
Douze hommes à cheval vous cherchent, qui doivent arriver ici dans un moment. Je ne sais pas par quel moyen ils peuvent vous avoir suivi, mais j'ai appris cette nouvelle d'un paysan qu'ils ont interrogé, et auquel ils vous ont dépeint. L'affaire presse, et le plus tôt que vous pourrez sortir d'ici sera le meilleur.
Dom Juan, *à Charlotte et Mathurine.*
Une affaire pressante m'oblige de partir d'ici; mais je vous prie de vous ressouvenir de la parole que je vous ai donnée, et de croire que vous

aurez de mes nouvelles avant qu'il soit demain au soir. (*Charlotte et Mathurine s'éloignent.*) Comme la partie n'est pas égale, il faut user de stratagème, et éluder adroitement le malheur qui me cherche. Je veux que Sganarelle se revête de mes habits, et moi...

SGANARELLE.

Monsieur, vous vous moquez : m'exposer à être tué sous vos habits, et...

DOM JUAN.

Allons, vite! c'est trop d'honneur que je vous fais, et bien heureux est le valet qui peut avoir la gloire de mourir pour son maître.

SGANARELLE.

Je vous remercie d'un tel honneur. O Ciel, puisqu'il s'agit de mort, fais-moi la grâce de n'être point pris pour un autre!

ACTE III

SCÈNE PREMIÈRE

DOM JUAN EN HABIT DE CAMPAGNE, SGANARELLE EN MÉDECIN.

SGANARELLE.

Ma foi, Monsieur, avouez que j'ai eu raison, et que nous voilà l'un et l'autre déguisés à merveille. Votre premier dessein n'étoit point du tout à propos, et ceci nous cache bien mieux que tout ce que vous vouliez faire.

DOM JUAN.

Il est vrai que te voilà bien, et je ne sais où tu as été déterrer cet attirail ridicule.

SGANARELLE.

Oui, c'est l'habit d'un vieux médecin qui a été laissé en gage au lieu où je l'ai pris, et il m'en a coûté de l'argent pour l'avoir. Mais savez-vous,

Monsieur, que cet habit me met déjà en considération, que je suis salué des gens que je rencontre, et que l'on me vient consulter ainsi qu'un habile homme?

Dom Juan.

Comment donc?

Sganarelle.

Cinq ou six paysans et paysannes, en me voyant passer, me sont venus demander mon avis sur différentes maladies.

Dom Juan.

Tu leur as répondu que tu n'y entendois rien.

Sganarelle.

Moi? point du tout! J'ai voulu soutenir l'honneur de mon habit; j'ai raisonné sur le mal, et leur ai fait des ordonnances à chacun.

Dom Juan.

Et quels remèdes encore leur as-tu ordonnés?

Sganarelle.

Ma foi, Monsieur, j'en ai pris par où j'en ai pu attraper; j'ai fait mes ordonnances à l'aventure, et ce seroit une chose plaisante si les malades guérissoient et qu'on m'en vînt remercier.

Dom Juan.

Et pourquoi non? Par quelle raison n'aurois-tu pas les mêmes privilèges qu'ont tous les autres médecins? Ils n'ont pas plus de part que toi aux guérisons des malades, et tout leur art est pure grimace. Ils ne font rien que recevoir la gloire des heureux succès, et tu peux profiter comme eux du bonheur du malade, et voir attribuer à tes remèdes tout ce qui peut venir des faveurs du hasard et des forces de la nature.

SGANARELLE.

Comment, Monsieur! vous êtes aussi impie en médecine?

DOM JUAN.

C'est une des grandes erreurs qui soient parmi les hommes.

SGANARELLE.

Quoi! vous ne croyez pas au séné, ni à la casse, ni au vin émétique?

DOM JUAN.

Et pourquoi veux-tu que j'y croie?

SGANARELLE.

Vous avez l'âme bien mécréante. Cependant vous voyez depuis un temps que le vin émétique fait bruire ses fuseaux. Ses miracles ont converti les plus incrédules esprits, et il n'y a pas trois semaines que j'en ai vu, moi qui vous parle, un effet merveilleux.

DOM JUAN.

Et quel?

SGANARELLE.

Il y avoit un homme qui depuis six jours étoit à l'agonie, on ne savoit plus que lui ordonner, et tous les remèdes ne faisoient rien; on s'avisa à la fin de lui donner de l'émétique...

Dom Juan.

Il réchappa, n'est-ce pas?

Sganarelle.

Non, il mourut.

Dom Juan.

L'effet est admirable.

Sganarelle.

Comment! il y avoit six jours entiers qu'il ne pouvoit mourir, et cela le fit mourir tout d'un coup. Voulez-vous rien de plus efficace?

Dom Juan.

Tu as raison.

Sganarelle.

Mais laissons là la médecine, où vous ne croyez point, et parlons des autres choses, car cet habit me donne de l'esprit, et je me sens en humeur de disputer contre vous. Vous savez bien que vous me permettez les disputes, et que vous ne me défendez que les remontrances.

Dom Juan.

Eh bien?

Sganarelle.

Je veux savoir un peu vos pensées à fond. Est-il possible que vous ne croyiez point du tout au Ciel?

Dom Juan.
Laissons cela.
Sganarelle.
C'est-à-dire que non. Et à l'enfer ?
Dom Juan.
Eh !
Sganarelle.
Tout de même. Et au diable, s'il vous plaît ?
Dom Juan.
Oui, oui.
Sganarelle.
Aussi peu. Ne croyez-vous point l'autre vie ?
Dom Juan.
Ah ! ah ! ah !
Sganarelle.
Voilà un homme que j'aurai bien de la peine à convertir. Et dites-moi un peu (encore faut-il croire quelque chose) : qu'est-ce que vous croyez ?
Dom Juan.
Ce que je crois ?
Sganarelle.
Oui.
Dom Juan.
Je crois que deux et deux sont quatre, Sganarelle, et que quatre et quatre sont huit.
Sganarelle.
La belle croyance que voilà ! Votre religion, à

ce que je vois, est donc l'arithmétique? Il faut avouer qu'il se met d'étranges folies dans la tête des hommes, et que, pour avoir bien étudié, on en est bien moins sage le plus souvent. Pour moi, Monsieur, je n'ai point étudié comme vous, Dieu merci, et personne ne sauroit se vanter de m'avoir jamais rien appris; mais, avec mon petit sens, mon petit jugement, je vois les choses mieux que tous les livres, et je comprends fort bien que ce monde que nous voyons n'est pas un champignon qui soit venu tout seul en une nuit. Je voudrois bien vous demander qui a fait ces arbres-là, ces rochers, cette terre, et ce ciel que voilà là-haut, et si tout cela s'est bâti de lui-même. Vous voilà, vous, par exemple, vous êtes là : est-ce que vous vous êtes fait tout seul, et n'a-t-il pas fallu que votre père ait engrossé votre mère pour vous faire? Pouvez-vous voir toutes les inventions dont la machine de l'homme est composée sans admirer de quelle façon cela est agencé l'un dans l'autre, ces nerfs, ces os, ces veines, ces artères, ces... ce poumon, ce cœur, ce foie, et tous ces autres ingrédients qui sont là, et qui... Oh! dame! interrompez-moi donc, si vous voulez : je ne saurois disputer si l'on ne m'interrompt. Vous vous taisez exprès, et me laissez parler par belle malice.

Dom Juan.
J'attends que ton raisonnement soit fini.

SGANARELLE.

Mon raisonnement est qu'il y a quelque chose d'admirable dans l'homme, quoi que vous puissiez dire, que tous les savants ne sauroient expliquer. Cela n'est-il pas merveilleux que me voilà ici, et que j'aie quelque chose dans la tête qui pense cent choses différentes en un moment, et fait de mon corps tout ce qu'elle veut? Je veux frapper des mains, hausser le bras, lever les yeux au ciel, baisser la tête, remuer les pieds, aller à droit, à gauche, en avant, en arrière, tourner...

(Il se laisse tomber en tournant.)

DOM JUAN.

Bon! voilà ton raisonnement qui a le nez cassé.

SGANARELLE.

Morbleu! Je suis bien sot de m'amuser à raisonner avec vous. Croyez ce que vous voudrez : il m'importe bien que vous soyez damné!

DOM JUAN.

Mais, tout en raisonnant, je crois que nous sommes égarés. Appelle un peu cet homme que voilà là-bas pour lui demander le chemin.

SGANARELLE.

Holà, ho, l'homme! ho, mon compère! ho, l'ami! un petit mot, s'il vous plaît.

SCÈNE II

DOM JUAN, SGANARELLE, UN PAUVRE.

SGANARELLE.

Enseignez-nous un peu le chemin qui mène à la ville.

LE PAUVRE.

Vous n'avez qu'à suivre cette route, Messieurs, et détourner à main droite quand vous serez au bout de la forêt. Mais je vous donne avis que vous devez vous tenir sur vos gardes, et que depuis quelque temps il y a des voleurs ici autour.

DOM JUAN.

Je te suis bien obligé, mon ami, et je te rends grâce de tout mon cœur.

LE PAUVRE.

Si vous vouliez, Monsieur, me secourir de quelque aumône?

DOM JUAN.

Ah! ah! ton avis est intéressé, à ce que je vois.

LE PAUVRE.

Je suis un pauvre homme, Monsieur, retiré tout seul dans ce bois depuis dix ans, et je ne manquerai pas de prier le Ciel qu'il vous donne toute sorte de biens.

Dom Juan.

Eh! prie-le qu'il te donne un habit, sans te mettre en peine des affaires des autres.

Sganarelle.

Vous ne connoissez pas Monsieur, bon homme; il ne croit qu'en deux et deux sont quatre et en quatre et quatre sont huit.

Dom Juan.

Quelle est ton occupation parmi ces arbres?

Le Pauvre.

De prier le Ciel tout le jour pour la prospérité des gens de bien qui me donnent quelque chose.

Dom Juan.

Il ne se peut donc pas que tu ne sois bien à ton aise?

Le Pauvre.

Hélas! Monsieur, je suis dans la plus grande nécessité du monde.

Dom Juan.

Tu te moques : un homme qui prie le Ciel tout le jour ne peut pas manquer d'être bien dans ses affaires.

Le Pauvre.

Je vous assure, Monsieur, que le plus souvent je n'ai pas un morceau de pain à mettre sous les dents.

Dom Juan.

Je te veux donner un louis d'or, et je te le donne pour l'amour de l'humanité. Mais que vois-je là? un homme attaqué par trois autres? La partie est trop inégale, et je ne dois pas souffrir cette lâcheté.

SCÈNE III

DOM JUAN, DOM CARLOS, SGANARELLE.

Sganarelle.

Mon maître est un vrai enragé d'aller se présenter à un péril qui ne le cherche pas; mais, ma foi, le secours a servi, et les deux ont fait fuir les trois.

Dom Carlos, *l'épée à la main.*

On voit par la fuite de ces voleurs de quel secours est votre bras. Souffrez, Monsieur, que je vous rende grâce d'une action si généreuse, et que...

Dom Juan, *revenant l'épée à la main.*

Je n'ai rien fait, Monsieur, que vous n'eussiez fait en ma place. Notre propre honneur est intéressé dans de pareilles aventures, et l'action de ces coquins étoit si lâche que c'eût été y prendre part que de ne s'y pas opposer. Mais par quelle rencontre vous êtes-vous trouvé entre leurs mains?

DOM CARLOS.

Je m'étois par hasard égaré d'un frère et de tous ceux de notre suite, et, comme je cherchois à les rejoindre, j'ai fait rencontre de ces voleurs, qui d'abord ont tué mon cheval, et qui, sans votre valeur, en auroient fait autant de moi.

DOM JUAN.

Votre dessein est-il d'aller du côté de la ville?

DOM CARLOS.

Oui, mais sans y vouloir entrer, et nous nous voyons obligés, mon frère et moi, à tenir la campagne pour une de ces fâcheuses affaires qui réduisent les gentilshommes à se sacrifier, eux et leur famille, à la sévérité de leur honneur, puisque enfin le plus doux succès en est toujours funeste, et que, si l'on ne quitte pas la vie, on est contraint de quitter le royaume; et c'est en quoi je trouve la condition d'un gentilhomme malheureuse, de ne pouvoir point s'assurer sur toute la prudence et toute l'honnêteté de sa conduite, d'être asservi par les lois de l'honneur au déréglement de la conduite d'autrui, et de voir sa vie, son repos et ses biens dépendre de la fantaisie du premier téméraire qui s'avisera de lui faire une de ces injures pour qui un honnête homme doit périr.

Dom Juan.

On a cet avantage qu'on fait courir le même risque et passer aussi mal le temps à ceux qui prennent fantaisie de nous venir faire une offense de gaieté de cœur. Mais ne seroit-ce point une indiscrétion que de vous demander quelle peut être votre affaire?

Dom Carlos.

La chose en est aux termes de n'en plus faire de secret, et, lorsque l'injure a une fois éclaté, notre honneur ne va point à vouloir cacher notre honte, mais à faire éclater notre vengeance, et à publier même le dessein que nous en avons. Ainsi, Monsieur, je ne feindrai point de vous dire que l'offense que nous cherchons à venger est une sœur séduite et enlevée d'un convent, et que l'auteur de cette offense est un Dom Juan Tenorio, fils de Dom Louis Tenorio. Nous le cherchons depuis quelques jours, et nous l'avons suivi ce matin, sur le rapport d'un valet qui nous a dit qu'il sortoit à cheval accompagné de quatre ou cinq, et qu'il avoit pris le long de cette côte; mais tous nos soins ont été inutiles, et nous n'avons pu découvrir ce qu'il est devenu.

Dom Juan.

Le connoissez-vous, Monsieur, ce Dom Juan dont vous parlez?

Dom Carlos.

Non, quant à moi. Je ne l'ai jamais vu, et je l'ai seulement ouï dépeindre à mon frère; mais la renommée n'en dit pas force bien, et c'est un homme dont la vie...

Dom Juan.

Arrêtez, Monsieur, s'il vous plaît; il est un peu de mes amis, et ce seroit à moi une espèce de lâcheté que d'en ouïr dire du mal.

Dom Carlos.

Pour l'amour de vous, Monsieur, je n'en dirai rien du tout, et c'est bien la moindre chose que je vous doive, après m'avoir sauvé la vie, que de me taire devant vous d'une personne que vous connoissez, lorsque je ne puis en parler sans en dire du mal; mais, quelque ami que vous lui soyez, j'ose espérer que vous n'approuverez pas son action et ne trouverez pas étrange que nous cherchions d'en prendre la vengeance.

Dom Juan.

Au contraire, je vous y veux servir et vous épargner des soins inutiles. Je suis ami de Dom Juan, je ne puis pas m'en empêcher; mais il n'est pas raisonnable qu'il offense impunément des gentilshommes, et je m'engage à vous faire faire raison par lui.

Dom Juan.

Dom Carlos.

Et quelle raison peut-on faire à ces sortes d'injures?

Dom Juan.

Toute celle que votre honneur peut souhaiter; et, sans vous donner la peine de chercher Dom Juan davantage, je m'oblige à le faire trouver au lieu que vous voudrez et quand il vous plaira.

Dom Carlos.

Cet espoir est bien doux, Monsieur, à des cœurs offensés; mais, après ce que je vous dois, ce me seroit une trop sensible douleur que vous fussiez de la partie.

Dom Juan.

Je suis si attaché à Dom Juan qu'il ne sauroit se battre que je ne me batte aussi; mais enfin j'en réponds comme de moi-même, et vous n'avez qu'à dire quand vous voulez qu'il paroisse et vous donne satisfaction.

Dom Carlos.

Que ma destinée est cruelle! Faut-il que je vous doive la vie, et que Dom Juan soit de vos amis!

SCÈNE IV

DOM ALONSE et trois suivants, DOM CARLOS, DOM JUAN, SGANARELLE.

Dom Alonse.

Faites boire là mes chevaux, et qu'on les amène après nous : je veux un peu marcher à pied. O Ciel! que vois-je ici? Quoi! mon frère, vous voilà avec notre ennemi mortel?

Dom Carlos.

Notre ennemi mortel?

Dom Juan, *se reculant trois pas et mettant fièrement la main sur la garde de son épée.*

Oui, je suis Dom Juan moi-même, et l'avantage du nombre ne m'obligera pas à vouloir déguiser mon nom.

Dom Alonse.

Ah! traître! il faut que tu périsses, et...

Dom Carlos.

Ah! mon frère, arrêtez! je lui suis redevable de la vie, et, sans le secours de son bras, j'aurois été tué par des voleurs que j'ai trouvés.

Dom Alonse.

Et voulez-vous que cette considération empêche notre vengeance? Tous les services que nous rend une main ennemie ne sont d'aucun mérite pour engager notre âme, et, s'il faut mesurer l'obligation à l'injure, votre reconnoissance, mon frère, est ici ridicule; et, comme l'honneur est infiniment plus précieux que la vie, c'est ne devoir rien proprement que d'être redevable de la vie à qui nous a ôté l'honneur.

Dom Carlos.

Je sais la différence, mon frère, qu'un gentilhomme doit toujours mettre entre l'un et l'autre, et la reconnoissance de l'obligation n'efface point en moi le ressentiment de l'injure; mais souffrez que je lui rende ici ce qu'il m'a prêté, que je m'acquitte sur-le-champ de la vie que je lui dois par un délai de notre vengeance, et lui laisse la liberté de jouir durant quelques jours du fruit de son bienfait.

Dom Alonse.

Non, non, c'est hasarder notre vengeance que de la reculer, et l'occasion de la prendre peut ne plus revenir. Le Ciel nous l'offre ici, c'est à nous d'en profiter. Lorsque l'honneur est blessé mortellement, on ne doit point songer à garder aucunes mesures, et, si vous répugnez à prêter votre bras à cette action, vous n'avez qu'à vous retirer et laisser à ma main la gloire d'un tel sacrifice.

Dom Carlos.

De grâce, mon frère...

Dom Alonse.

Tous ces discours sont superflus : il faut qu'il meure.

Dom Carlos.

Arrêtez-vous, dis-je, mon frère. Je ne souffrirai point du tout qu'on attaque ses jours, et je jure le Ciel que je le défendrai ici contre qui que ce soit, et je saurai lui faire un rempart de cette même vie qu'il a sauvée, et, pour adresser vos coups, il faudra que vous me perciez.

Dom Alonse.

Quoi! vous prenez le parti de notre ennemi contre moi, et, loin d'être saisi à son aspect des mêmes transports que je sens, vous faites voir pour lui des sentiments pleins de douceur?

Dom Carlos.

Mon frère, montrons de la modération dans une action légitime, et ne vengeons point notre honneur avec cet emportement que vous témoignez. Ayons du cœur dont nous soyons les maîtres, une valeur qui n'ait rien de farouche, et qui se porte aux choses par une pure délibération de notre raison, et non point par le mouvement d'une aveugle colère. Je ne veux point, mon frère, demeurer redevable à mon ennemi, je lui ai une obligation dont il faut que je m'acquitte avant toute chose. Notre vengeance, pour être différée, n'en sera pas moins éclatante; au contraire, elle en tirera de l'avantage, et cette occasion de l'avoir pu prendre la fera paroître plus juste aux yeux de tout le monde.

Dom Alonse.

O l'étrange foiblesse et l'aveuglement effroyable d'hasarder ainsi les intérêts de son honneur pour la ridicule pensée d'une obligation chimérique!

Dom Carlos.

Non, mon frère, ne vous mettez pas en peine : si je fais une faute, je saurai bien la réparer, et je me charge de tout le soin de notre honneur; je sais à quoi il nous oblige, et cette suspension d'un jour que ma reconnoissance lui demande ne fera qu'augmenter l'ardeur que j'ai de le satisfaire. Dom Juan, vous voyez que j'ai soin de vous rendre le bien que j'ai reçu de vous, et vous devez par là juger du reste, croire que je m'acquitte avec même chaleur de ce que je dois, et que je ne serai pas moins exact à vous payer l'injure que le bienfait. Je ne veux point vous obliger ici à expliquer vos sentiments, et je vous donne la liberté de penser à loisir aux résolutions que vous avez à prendre. Vous connoissez assez la grandeur de l'offense que vous nous avez faite, et je vous fais

juge vous-même des réparations qu'elle demande. Il est des moyens doux pour nous satisfaire, il en est de violents et de sanglants; mais enfin, quelque choix que vous fassiez, vous m'avez donné parole de me faire faire raison par Dom Juan : songez à me la faire, je vous prie, et vous ressouvenez que, hors d'ici, je ne dois plus qu'à mon honneur.
Dom Juan.
Je n'ai rien exigé de vous, et vous tiendrai ce que j'ai promis.
Dom Carlos.
Allons, mon frère; un moment de douceur ne fait aucune injure à la sévérité de notre devoir.

SCÈNE V

DOM JUAN, SGANARELLE.

Dom Juan.
Hola! hé! Sganarelle!
Sganarelle.
Plaît-il?
Dom Juan.
Comment, coquin, tu fuis quand on m'attaque?
Sganarelle.
Pardonnez-moi, Monsieur, je viens seulement

d'ici près : je crois que cet habit est purgatif, et que c'est prendre médecine que de le porter.

DOM JUAN.

Peste soit l'insolent! Couvre au moins ta poltronnerie d'un voile plus honnête! Sais-tu bien qui est celui à qui j'ai sauvé la vie?

SGANARELLE.

Moi? non.

DOM JUAN.

C'est un frère d'Elvire.

SGANARELLE.

Un...

DOM JUAN.

Il est assez honnête homme, il en a bien usé, et j'ai regret d'avoir démêlé avec lui.

SGANARELLE.

Il vous seroit aisé de pacifier toutes choses.

DOM JUAN.

Oui, mais ma passion est usée pour Done Elvire, et l'engagement ne compatit point avec mon humeur. J'aime la liberté en amour, tu le sais, et je ne saurois me résoudre à renfermer mon cœur entre quatre murailles. Je te l'ai dit vingt fois; j'ai une pente naturelle à me laisser aller à tout ce qui m'attire. Mon cœur est à toutes les belles, et c'est à elles à le prendre tour à tour et à le garder tant qu'elles le pourront. Mais quel est le superbe édifice que je vois entre ces arbres?

SGANARELLE.

Vous ne le savez pas?

DOM JUAN.

Non vraiment.

SGANARELLE.

Bon! c'est le tombeau que le Commandeur faisoit faire lorsque vous le tuâtes.

DOM JUAN.

Ah! tu as raison; je ne savois pas que c'étoit de ce côté-ci qu'il étoit. Tout le monde m'a dit des merveilles de cet ouvrage, aussi bien que de la statue du Commandeur, et j'ai envie de l'aller voir.

SGANARELLE.

Monsieur, n'allez point là.

DOM JUAN.

Pourquoi?

SGANARELLE.

Cela n'est pas civil d'aller voir un homme que vous avez tué.

DOM JUAN.

Au contraire, c'est une visite dont je lui veux faire civilité, et qu'il doit recevoir de bonne grâce s'il est galant homme. Allons, entrons dedans.

(*Le tombeau s'ouvre, où l'on voit un superbe mausolée et la statue du Commandeur.*)

SGANARELLE.

Ah! que cela est beau! les belles statues! le beau marbre! les beaux piliers! Ah! que cela est beau! Qu'en dites-vous, Monsieur?

DOM JUAN.

Qu'on ne peut voir aller plus loin l'ambition d'un homme mort; et ce que je trouve admirable, c'est qu'un homme qui s'est passé durant sa vie d'une assez simple demeure en veuille avoir une si magnifique pour quand il n'en a plus que faire.

SGANARELLE.

Voici la statue du Commandeur.

DOM JUAN.

Parbleu! le voilà bon, avec son habit d'empereur romain!

SGANARELLE.

Ma foi, Monsieur, voilà qui est bien fait. Il semble qu'il est en vie et qu'il s'en va parler. Il jette des regards sur nous qui me feroient peur si j'étois tout seul, et je pense qu'il ne prend pas plaisir de nous voir.

DOM JUAN.

Il auroit tort, et ce seroit mal recevoir l'honneur que je lui fais. Demande-lui s'il veut venir souper avec moi.

SGANARELLE.

C'est une chose dont il n'a pas besoin, je crois.

Dom Juan.

Demande-lui, te dis-je.

Sganarelle.

Vous moquez-vous? Ce seroit être fou que d'aller parler à une statue.

Dom Juan.

Fais ce que je te dis.

Sganarelle.

Quelle bizarrerie! Seigneur Commandeur... (*A part.*) Je ris de ma sottise, mais c'est mon maître qui me la fait faire. (*Haut.*) Seigneur Commandeur, mon maître Dom Juan vous demande si vous voulez lui faire l'honneur de venir souper avec lui. (*La statue baisse la tête.*) Ha!

Dom Juan.

Qu'est-ce? qu'as-tu? Dis donc, veux-tu parler?

Sganarelle *fait le même signe que lui a fait la statue et baisse la tête.*

La statue...

Dom Juan.

Et bien, que veux-tu dire, traître?

Sganarelle.

Je vous dis que la statue...

Dom Juan.

Et bien, la statue? Je t'assomme si tu ne parles.

Sganarelle.

La statue m'a fait signe.

Dom Juan.

La peste le coquin!

Sganarelle.

Elle m'a fait signe, vous dis-je, il n'est rien de plus vrai. Allez-vous-en lui parler vous-même, pour voir; peut-être...

Dom Juan.

Viens, maraut, viens, je te veux bien faire toucher au doigt ta poltronnerie; prends garde. Le seigneur Commandeur voudroit-il venir souper avec moi?

(*La statue baisse encore la tête.*)

Sganarelle.

Je ne voudrois pas en tenir dix pistoles. Eh bien, Monsieur?

Dom Juan.

Allons, sortons d'ici.

Sganarelle, *à part*.

Voilà de mes esprits forts, qui ne veulent rien croire!

ACTE IV

SCÈNE PREMIÈRE

DOM JUAN, SGANARELLE.

Dom Juan.

Quoi qu'il en soit, laissons cela : c'est une bagatelle, et nous pouvons avoir été trompés par un faux jour, ou surpris de quelque vapeur qui nous ait troublé la vue.

Sganarelle.

Eh ! Monsieur, ne cherchez point à démentir ce que nous avons vu des yeux que voilà. Il n'est rien de plus véritable que ce signe de tête, et je ne doute point que le Ciel, scandalisé de votre vie, n'ait produit ce miracle pour vous convaincre et pour vous retirer de...

Dom Juan.

Écoute. Si tu m'importunes davantage de tes sottes moralités, si tu me dis encore le moindre mot là-dessus, je vais appeler quelqu'un, demander un nerf de bœuf, te faire tenir par trois ou quatre et te rouer de mille coups. M'entends-tu bien?

SGANARELLE.

Fort bien, Monsieur, le mieux du monde. Vous vous expliquez clairement; c'est ce qu'il y a de bon en vous que vous n'allez point chercher de détours : vous dites les choses avec une netteté admirable.

DOM JUAN.

Allons, qu'on me fasse souper le plus tôt que l'on pourra. Une chaise, petit garçon.

SCÈNE II

DOM JUAN, LA VIOLETTE, SGANARELLE.

LA VIOLETTE.

Monsieur, voilà votre marchand, monsieur Dimanche, qui demande à vous parler.

SGANARELLE.

Bon! voilà ce qu'il nous faut, qu'un compliment de créancier! De quoi s'avise-t-il de nous venir demander de l'argent, et que ne lui disois-tu que Monsieur n'y est pas?

LA VIOLETTE.

Il y a trois quarts d'heure que je lui dis, mais il ne veut pas le croire, et s'est assis là dedans pour attendre.

SGANARELLE.

Qu'il attende tant qu'il voudra.

DOM JUAN.

Non, au contraire, faites-le entrer. C'est une fort mauvaise politique que de se faire celer aux créanciers ; il est bon de les payer de quelque chose, et j'ai le secret de les renvoyer satisfaits sans leur donner un double.

SCÈNE III

DOM JUAN, M. DIMANCHE, SGANARELLE, Suite.

DOM JUAN, *faisant de grandes civilités.*

Ah ! Monsieur Dimanche, approchez. Que je suis ravi de vous voir, et que je veux de mal à mes gens de ne vous pas faire entrer d'abord ! J'avois donné ordre qu'on ne me fît parler personne, mais cet ordre n'est pas pour vous, et vous êtes en droit de ne trouver jamais de porte fermée chez moi.

M. Dimanche.

Monsieur, je vous suis fort obligé.

Dom Juan, *parlant à ses laquais.*

Parbleu! coquins, je vous apprendrai à laisser monsieur Dimanche dans une antichambre, et je vous ferai connoître les gens.

M. Dimanche.

Monsieur, cela n'est rien.

Dom Juan.

Comment! vous dire que je n'y suis pas, à monsieur Dimanche, au meilleur de mes amis!

M. Dimanche.

Monsieur, je suis votre serviteur. J'étois venu...

Dom Juan.

Allons, vite, un siège pour monsieur Dimanche.

M. Dimanche.

Monsieur, je suis bien comme cela.

Dom Juan.

Point, point, je veux que vous soyez assis contre moi.

M. Dimanche.

Cela n'est point nécessaire.

Dom Juan.

Otez ce pliant, et apportez un fauteuil.

M. Dimanche.

Monsieur, vous vous moquez, et...

Dom Juan.

Non, non, je sais ce que je vous dois, et je ne

veux point qu'on mette de différence entre nous deux.

M. Dimanche.

Monsieur...

Dom Juan.

Allons, asseyez-vous.

M. Dimanche.

Il n'est pas besoin, Monsieur, et je n'ai qu'un mot à vous dire. J'étois...

Dom Juan.

Mettez-vous là, vous dis-je.

M. Dimanche.

Non, Monsieur. Je suis bien. Je viens pour...

Dom Juan.

Non, je ne vous écoute point si vous n'êtes assis.

M. Dimanche.

Monsieur, je fais ce que vous voulez. Je...

Dom Juan.

Parbleu ! Monsieur Dimanche, vous vous portez bien.

M. Dimanche.

Oui, Monsieur, pour vous rendre service. Je suis venu...

Dom Juan.

Vous avez un fonds de santé admirable, des lèvres fraîches, un teint vermeil et des yeux vifs.

Dom Juan.

M. Dimanche.

Je voudrois bien...

Dom Juan.

Comment se porte madame Dimanche, votre épouse?

M. Dimanche.

Fort bien, Monsieur, Dieu merci.

Dom Juan.

C'est une brave femme.

M. Dimanche.

Elle est votre servante, Monsieur. Je venois...

Dom Juan.

Et votre petite fille Claudine, comme se porte-t-elle?

M. Dimanche.

Le mieux du monde.

Dom Juan.

La jolie petite fille que c'est! Je l'aime de tout mon cœur.

M. Dimanche.

C'est trop d'honneur que vous lui faites, Monsieur. Je vous...

Dom Juan.

Et le petit Colin? Fait-il toujours bien du bruit avec son tambour?

M. Dimanche.

Toujours de même, Monsieur. Je...

Dom Juan.

Et votre petit chien Brusquet? Gronde-t-il toujours aussi fort et mord-il toujours bien aux jambes les gens qui vont chez vous?

M. Dimanche.

Plus que jamais, Monsieur, et nous ne saurions en chevir.

Dom Juan.

Ne vous étonnez pas si je m'informe des nouvelles de toute la famille, car j'y prends beaucoup d'intérêt.

M. Dimanche.

Nous vous sommes, Monsieur, infiniment obligés. Je...

Dom Juan, *lui tendant la main.*

Touchez donc là, Monsieur Dimanche. Êtes-vous bien de mes amis?

M. Dimanche.

Monsieur, je suis votre serviteur.

Dom Juan.

Parbleu! je suis à vous de tout mon cœur.

M. Dimanche.

Vous m'honorez trop. Je...

Dom Juan.

Il n'y a rien que je ne fisse pour vous.

M. Dimanche.

Monsieur, vous avez trop de bonté pour moi.

Dom Juan.

Et cela sans intérêt, je vous prie de le croire.

M. Dimanche.

Je n'ai point mérité cette grâce, assurément. Mais, Monsieur...

Dom Juan.

Oh çà! Monsieur Dimanche, sans façon, voulez-vous souper avec moi?

M. Dimanche.

Non, Monsieur, il faut que je m'en retourne tout à l'heure. Je...

Dom Juan, *se levant.*

Allons, vite un flambeau pour conduire monsieur Dimanche, et que quatre ou cinq de mes gens prennent des mousquetons pour l'escorter.

M. Dimanche, *se levant de même.*

Monsieur, il n'est pas nécessaire, et je m'en irai bien tout seul. Mais...

(*Sganarelle ôte les sièges promptement.*)

Dom Juan.

Comment! je veux qu'on vous escorte, et je m'intéresse trop à votre personne; je suis votre serviteur, et de plus votre débiteur.

M. Dimanche.

Ah! Monsieur...

Dom Juan.

C'est une chose que je ne cache pas, et je le dis à tout le monde.

ACTE IV, SCÈNE III

M. Dimanche.

Si...

Dom Juan.

Voulez-vous que je vous reconduise?

M. Dimanche.

Ah! Monsieur, vous vous moquez. Monsieur...

Dom Juan.

Embrassez-moi donc, s'il vous plaît. Je vous prie encore une fois d'être persuadé que je suis tout à vous, et qu'il n'y a rien au monde que je ne fisse pour votre service.

(*Il sort.*)

Sganarelle.

Il faut avouer que vous avez en monsieur un homme qui vous aime bien.

M. Dimanche.

Il est vrai; il me fait tant de civilités et tant de compliments que je ne saurois jamais lui demander de l'argent.

Sganarelle.

Je vous assure que toute sa maison périroit pour vous, et je voudrois qu'il vous arrivât quelque chose, que quelqu'un s'avisât de vous donner des coups de bâton : vous verriez de quelle manière...

M. Dimanche.

Je le crois. Mais, Sganarelle, je vous prie de lui dire un petit mot de mon argent.

SGANARELLE.

Oh! ne vous mettez pas en peine : il vous payera le mieux du monde.

M. DIMANCHE.

Mais vous, Sganarelle, vous me devez quelque chose en votre particulier.

SGANARELLE.

Fi! ne parlez pas de cela.

M. DIMANCHE.

Comment! Je...

SGANARELLE.

Ne sais-je pas bien que je vous dois?

M. DIMANCHE.

Oui, mais...

SGANARELLE.

Allons, Monsieur Dimanche, je vais vous éclairer.

M. DIMANCHE.

Mais mon argent...

SGANARELLE, *prenant M. Dimanche par le bras.*

Vous moquez-vous?

M. DIMANCHE.

Je veux...

SGANARELLE, *le tirant.*

Eh!

M. DIMANCHE.

J'entends...

SGANARELLE, *le poussant.*

Bagatelles!

M. DIMANCHE.

Mais...

SGANARELLE, *le poussant.*

Fi!

M. DIMANCHE.

Je...

SGANARELLE, *le poussant tout à fait hors du théâtre.*

Fi! vous dis-je.

SCÈNE IV

DOM LOUIS, DOM JUAN, LA VIOLETTE, SGANARELLE.

LA VIOLETTE.

Monsieur, voilà monsieur votre père.

DOM JUAN.

Ah! me voici bien! Il me falloit cette visite pour me faire enrager.

DOM LOUIS.

Je vois bien que je vous embarrasse, et que vous vous passeriez fort aisément de ma venue. A dire vrai, nous nous incommodons étrangement l'un et l'autre, et, si vous êtes las de me voir, je suis bien las aussi de vos déportements. Hélas! que nous savons peu ce que nous faisons quand nous ne laissons pas au Ciel le soin des choses qu'il nous faut, quand nous voulons être plus avisés que lui, et que nous venons à l'importuner par nos souhaits aveugles et nos demandes inconsidérées! J'ai souhaité un fils avec des ardeurs nonpareilles, je l'ai demandé sans relâche avec des transports incroyables, et ce fils, que j'obtiens en fatiguant le Ciel de vœux, est le chagrin et le supplice de cette vie même dont je croyois qu'il devoit être la joie et la consolation. De quel œil, à votre avis, pensez-vous que je puisse voir cet amas d'actions indignes dont on a peine, aux yeux du monde, d'adoucir le mauvais visage, cette suite continuelle de méchantes affaires qui nous réduisent à toutes heures à lasser les bontés du souverain, et qui ont épuisé auprès de lui le mérite de mes services et le crédit de mes amis? Ah! quelle bassesse est la vôtre! Ne rougissez-vous point de mériter si peu votre naissance? Êtes-vous en droit, dites-moi, d'en tirer quelque vanité? Et qu'avez-vous fait dans le monde pour être gentilhomme? Croyez-vous qu'il suffise d'en porter le nom et les armes, et que ce nous soit une gloire d'être sorti d'un sang noble lorsque nous vivons en infâmes? Non, non, la naissance n'est rien où la vertu n'est pas. Aussi nous n'avons part à la gloire de nos ancêtres qu'autant que nous nous efforçons de leur ressembler, et cet éclat de leurs actions qu'ils répandent sur nous nous impose un engagement de leur faire le même honneur, de suivre les pas qu'ils nous tracent et de ne point dégénérer de leurs vertus, si nous voulons êtres estimés leurs véritables descendants. Ainsi vous descendez en vain des aïeux dont vous êtes né, ils vous désavouent pour leur sang, et tout ce qu'ils ont fait d'illustre ne vous donne aucun avantage; au contraire, l'éclat n'en rejaillit sur vous qu'à votre déshonneur, et leur gloire est un flambeau qui éclaire aux yeux d'un chacun la honte de vos actions. Apprenez enfin qu'un gentilhomme qui vit mal est un monstre dans la nature, que la vertu est le premier titre de noblesse, que je regarde bien moins au nom qu'on signe qu'aux actions qu'on fait, et que je ferois plus d'état du fils d'un crocheteur qui seroit honnête homme que du fils d'un monarque qui vivroit comme vous.

Dom Juan.

Monsieur, si vous étiez assis, vous en seriez mieux pour parler.

Dom Louis.

Non, insolent, je ne veux point m'asseoir ni parler davantage, et je vois bien que toutes mes paroles ne font rien sur ton âme. Mais sache, fils indigne, que la tendresse paternelle est poussée à bout par tes actions, que je saurai plus tôt que tu ne penses mettre une borne à tes déréglements, prévenir sur toi le courroux du Ciel, et laver par ta punition la honte de t'avoir fait naître.

(Il sort.)

SCÈNE V

DOM JUAN, SGANARELLE.

Dom Juan.

Eh! mourez le plus tôt que vous pourrez, c'est le mieux que vous puissiez faire. Il faut que chacun ait son tour, et j'enrage de voir des pères qui vivent autant que leurs fils.

(Il se met dans son fauteuil.)

Sganarelle.

Ah! Monsieur, vous avez tort.

Dom Juan.

J'ai tort?

Sganarelle.

Monsieur...

Dom Juan *se lève de son siège.*

J'ai tort?

Sganarelle.

Oui Monsieur, vous avez tort d'avoir souffert

ce qu'il vous a dit, et vous le deviez mettre dehors par les épaules. A-t-on jamais rien vu de plus impertinent? Un père venir faire des remontrances à son fils, et lui dire de corriger ses actions, de se ressouvenir de sa naissance, de mener une vie d'honnête homme, et cent autres sottises de pareille nature! Cela se peut-il souffrir à un homme comme vous, qui savez comme il faut vivre? J'admire votre patience, et, si j'avois été en votre place, je l'aurois envoyé promener. (*A part.*) O complaisance maudite, à quoi me réduis-tu!

DOM JUAN.

Me fera-ton souper bientôt?

SCÈNE VI

DOM JUAN, DONE ELVIRE, RAGOTIN, SGANARELLE.

RAGOTIN.

Monsieur, voici une dame voilée qui vient vous parler.

DOM JUAN.

Que pourroit-ce être?

SGANARELLE.

Il faut voir.

DONE ELVIRE.

Ne soyez point surpris, Dom Juan, de me voir à cette heure et dans cet équipage. C'est un motif pressant qui m'oblige à cette visite, et ce que j'ai à vous dire ne veut point du tout de retardement. Je ne viens point ici pleine de ce courroux que j'ai tantôt fait éclater, et vous me voyez bien changée de ce que j'étois ce matin. Ce n'est plus cette Done Elvire qui faisoit des vœux contre vous, et dont l'âme irritée ne jetoit que menaces et ne respiroit que vengeance. Le Ciel a banni de mon âme toutes ces indignes ardeurs que je sentois pour vous, tous ces transports tumultueux d'un attachement criminel, tous ces honteux emportements d'un amour terrestre et grossier, et il n'a laissé dans mon cœur pour vous qu'une flamme épurée de tout le commerce des sens, une tendresse toute sainte, un amour détaché de tout, qui n'agit point pour soi et ne se met en peine que de votre intérêt.

DOM JUAN, *à Sganarelle.*

Tu pleures, je pense!

SGANARELLE.

Pardonnez-moi.

DONE ELVIRE.

C'est ce parfait et pur amour qui me conduit ici pour votre bien, pour vous faire part d'un avis du Ciel, et tâcher de vous retirer du précipice où

vous courez. Oui, Dom Juan, je sais tous les déréglements de votre vie, et ce même Ciel, qui m'a
touché le cœur et fait jeter les yeux sur les éga-
rements de ma conduite, m'a inspiré de vous venir
trouver, et de vous dire de sa part que vos offenses ont épuisé sa miséricorde, que sa colère redoutable est prête de tomber sur vous, qu'il est en
vous de l'éviter par un prompt repentir, et que
peut-être vous n'avez pas encore un jour à vous
pouvoir soustraire au plus grand de tous les mal-
heurs. Pour moi, je ne tiens plus à vous par aucun attachement du monde. Je suis revenue,
grâces au Ciel, de toutes mes folles pensées; ma
retraite est résolue, et je ne demande qu'assez de
vie pour pouvoir expier la faute que j'ai faite, et
mériter par une austère pénitence le pardon de
l'aveuglement où m'ont plongée les transports
d'une passion condamnable. Mais, dans cette
retraite, j'aurois une douleur extrême qu'une
personne que j'ai chérie tendrement devînt un
exemple funeste de la justice du Ciel, et ce me
sera une joie incroyable si je puis vous porter à
détourner de dessus votre tête l'épouvantable coup
qui vous menace. De grâce, Dom Juan, accor-
dez-moi pour dernière faveur cette douce consolation; ne me refusez point votre salut, que je
vous demande avec larmes; et, si vous n'êtes point
touché de votre intérêt, soyez-le au moins de mes

prières, et m'épargnez le cruel déplaisir de vous voir condamner à des supplices éternels.

SGANARELLE, *à part.*

Pauvre femme!

DONE ELVIRE.

Je vous ai aimé avec une tendresse extrême, rien au monde ne m'a été si cher que vous; j'ai oublié mon devoir pour vous, j'ai fait toutes choses pour vous, et toute la récompense que je vous en demande, c'est de corriger votre vie et de prévenir votre perte. Sauvez-vous, je vous prie, ou pour l'amour de vous, ou pour l'amour de moi. Encore une fois, Dom Juan, je vous le demande avec larmes; et, si ce n'est assez des larmes d'une personne que vous avez aimée, je vous en conjure par tout ce qui est le plus capable de vous toucher.

SGANARELLE, *à part.*

Cœur de tigre!

DONE ELVIRE.

Je m'en vais après ce discours, et voilà tout ce que j'avois à vous dire.

DOM JUAN.

Madame, il est tard, demeurez ici; on vous y logera le mieux qu'on pourra.

DONE ELVIRE.

Non, Dom Juan, ne me retenez pas davantage.

Dom Juan.
Madame, vous me ferez plaisir de demeurer, je vous assure.

Done Elvire.
Non, vous dis-je, ne perdons point de temps en discours superflus; laissez-moi vite aller, ne faites aucune instance pour me conduire, et songez seulement à profiter de mon avis.

SCÈNE VII

DOM JUAN, SGANARELLE, Suite.

Dom Juan.
Sais-tu bien que j'ai encore senti quelque peu d'émotion pour elle, que j'ai trouvé de l'agrément dans cette nouveauté bizarre, et que son habit négligé, son air languissant et ses larmes ont réveillé en moi quelques petits restes d'un feu éteint?

Sganarelle.
C'est-à-dire que ses paroles n'ont fait aucun effet sur vous.

Dom Juan.
Vite à souper.

Sganarelle.
Fort bien.

Dom Juan, *se mettant à table.*

Sganarelle, il faut songer à s'amender pourtant.

SGANARELLE.

Oui-da!

Dom Juan.

Oui, ma foi, il faut s'amender : encore vingt ou trente ans de cette vie-ci, et puis nous songerons à nous.

SGANARELLE.

Oh!

Dom Juan.

Qu'en dis-tu?

SGANARELLE.

Rien, voilà le souper.

   (*Il prend un morceau d'un des plats qu'on apporte et le met dans sa bouche.*)

Dom Juan.

Il me semble que tu as la joue enflée : qu'est-ce que c'est? Parle donc, qu'as-tu là?

SGANARELLE.

Rien.

Dom Juan.

Montre un peu. Parbleu! c'est une fluxion qui lui est tombée sur la joue. Vite, une lancette pour percer cela. Le pauvre garçon n'en peut plus, et cet abcès le pourroit étouffer. Attends. Voyez comme il étoit mûr! Ah! coquin que vous êtes!

ACTE IV, SCÈNE VII

SGANARELLE.

Ma foi, Monsieur, je voulois voir si votre cuisinier n'avoit point mis trop de sel ou trop de poivre.

DOM JUAN.

Allons, mets-toi là, et mange. J'ai affaire de toi quand j'aurai soupé. Tu as faim, à ce que je vois.

SGANARELLE *se met à table.*

Je le crois bien, Monsieur! je n'ai point mangé depuis ce matin. Tâtez de cela, voilà qui est le meilleur du monde.

(*Un laquais ôte les assiettes de Sganarelle d'abord qu'il y a dessus à manger.*)

Mon assiette! mon assiette! Tout doux, s'il vous plaît. Vertubleu! petit compère, que vous êtes habile à donner des assiettes nettes! Et vous, petit la Violette, que vous savez présenter à boire à propos!

(*Pendant qu'un laquais donne à boire à Sganarelle, l'autre laquais ôte encore son assiette.*)

DOM JUAN.

Qui peut frapper de cette sorte?

SGANARELLE.

Qui diable nous vient troubler dans notre repas?

Dom Juan.

Je veux souper en repos au moins, et qu'on ne laisse entrer personne.

Sganarelle.

Laissez-moi faire, je m'y en vais moi-même.

Dom Juan.

Qu'est-ce donc? qu'y a-t-il?

Sganarelle, *baissant la tête comme a fait la statue.*

Le... qui est là !

Dom Juan.

Allons voir, et montrons que rien ne me sauroit ébranler.

Sganarelle.

Ah! pauvre Sganarelle, où te cacheras-tu?

SCÈNE VIII

DOM JUAN, LA STATUE du Commandeur
qui vient se mettre a table,
SGANARELLE, Suite.

Dom Juan.

Une chaise et un couvert, vite donc! (*A Sganarelle.*) Allons, mets-toi à table.

SGANARELLE.

Monsieur, je n'ai plus de faim.

Dom Juan.

Mets-toi là, te dis-je. A boire! A la santé du Commandeur! Je te la porte, Sganarelle. Qu'on lui donne du vin.

SGANARELLE.

Monsieur, je n'ai pas soif.

Dom Juan.

Bois, et chante ta chanson pour régaler le Commandeur.

SGANARELLE.

Je suis enrhumé, Monsieur.

Dom Juan.

Il n'importe, allons! (*A ses gens.*) Vous autres, venez, accompagnez sa voix.

La Statue.

Dom Juan, c'est assez. Je vous invite à venir demain souper avec moi. En aurez-vous le courage?

Dom Juan.

Oui, j'irai, accompagné du seul Sganarelle.

SGANARELLE.

Je vous rends grâce, il est demain jeûne pour moi.

Dom Juan, *à Sganarelle.*

Prends ce flambeau.

La Statue.

On n'a pas besoin de lumière quand on est conduit par le Ciel.

ACTE V

SCÈNE PREMIÈRE

DOM LOUIS, DOM JUAN, SGANARELLE.

Dom Louis.

Quoy! mon fils, seroit-il possible que la bonté du Ciel eût exaucé mes vœux? Ce que vous me dites est-il bien vrai? ne m'abusez-vous point d'un faux espoir? et puis-je prendre quelque assurance sur la nouveauté surprenante d'une telle conversion?

Dom Juan, *faisant l'hypocrite.*

Oui, vous me voyez revenu de toutes mes erreurs, je ne suis plus le même qu'hier au soir, et le Ciel tout d'un coup a fait en moi un changement qui va surprendre tout le monde. Il a touché mon âme et dessillé mes yeux, et je regarde avec horreur le long aveuglement où j'ai été et les désordres criminels de la vie que j'ai menée. J'en repasse dans mon esprit toutes les abominations, et m'étonne comme le Ciel les a pu souffrir si longtemps, et n'a pas vingt fois sur ma tête laissé tomber les coups de sa justice redoutable. Je vois les grâces que sa bonté m'a faites en ne me punissant point de mes crimes, et je prétends en profiter comme je dois, faire éclater aux yeux du monde un soudain changement de vie, réparer par là le scandale de mes actions passées, et m'efforcer d'en obtenir du Ciel une pleine rémission. C'est à quoi je vais travailler, et je vous prie, Monsieur, de vouloir bien contribuer à ce dessein, et de m'aider vous-même à faire choix d'une personne qui me serve de guide, et sous la conduite de qui je puisse marcher sûrement dans le chemin où je m'en vais entrer.

Dom Louis.

Ah! mon fils, que la tendresse d'un père est aisément rappelée, et que les offenses d'un fils s'évanouissent vite au moindre mot de repentir! Je ne me souviens plus déjà de tous les déplaisirs que vous m'avez donnés, et tout est effacé par les paroles que vous venez de me faire entendre. Je ne me sens pas, je vous l'avoue, je jette des larmes de joie; tous mes vœux sont satisfaits, et je n'ai plus rien désormais à demander au Ciel. Embrassez-moi, mon fils, et persistez, je vous conjure, dans cette louable pensée. Pour moi, j'en vais tout de ce pas porter l'heureuse nouvelle à votre mère, partager avec elle les doux transports du ravissement où je suis, et rendre grâce au Ciel des saintes résolutions qu'il a daigné vous inspirer.

SCÈNE II

DOM JUAN, SGANARELLE.

SGANARELLE.

Ah! Monsieur, que j'ai de joie de vous voir converti! Il y a longtemps que j'attendois cela, et voilà, grâce au Ciel, tous mes souhaits accomplis.

DOM JUAN.

La peste le benêt!

SGANARELLE.

Comment, le benêt?

DOM JUAN.

Quoi! tu prends pour de bon argent ce que je viens de dire, et tu crois que ma bouche étoit d'accord avec mon cœur?

SGANARELLE.

Quoi! ce n'est pas... Vous ne... Votre... Oh! quel homme! quel homme! quel homme!

Dom Juan.

Non, non, je ne suis point changé, et mes sentiments sont toujours les mêmes.

Sganarelle.

Vous ne vous rendez pas à la surprenante merveille de cette statue mouvante et parlante?

Dom Juan.

Il y a bien quelque chose là dedans que je ne comprends pas; mais, quoi que ce puisse être, cela n'est pas capable ni de convaincre mon esprit, ni d'ébranler mon âme, et, si j'ai dit que je voulois corriger ma conduite et me jeter dans un train de vie exemplaire, c'est un dessein que j'ai formé par pure politique, un stratagème utile, une grimace nécessaire où je veux me contraindre pour ménager un père dont j'ai besoin, et me mettre à couvert du côté des hommes de cent fâcheuses aventures qui pourroient m'arriver. Je veux bien, Sganarelle, t'en faire confidence, et je suis bien aise d'avoir un témoin du fond de mon âme et des véritables motifs qui m'obligent à faire les choses.

Sganarelle.

Quoi! vous ne croyez rien du tout, et vous voulez cependant vous ériger en homme de bien?

Dom Juan.

Et pourquoi non? Il y en a tant d'autres comme

moi qui se mêlent de ce métier et qui se servent du même masque pour abuser le monde!

SGANARELLE.

Ah! quel homme! quel homme!

DOM JUAN.

Il n'y a plus de honte maintenant à cela : l'hypocrisie est un vice à la mode, et tous les vices à la mode passent pour vertus; le personnage d'homme de bien est le meilleur de tous les personnages qu'on puisse jouer aujourd'hui, et la profession d'hypocrite a de merveilleux avantages. C'est un art de qui l'imposture est toujours respectée, et, quoiqu'on la découvre, on n'ose rien dire contre elle. Tous les autres vices des hommes sont exposés à la censure, et chacun a la liberté de les attaquer hautement; mais l'hypocrisie est un vice privilégié, qui de sa main ferme la bouche à tout le monde et jouit en repos d'une impunité souveraine. On lie à force de grimaces une société étroite avec tous les gens du parti : qui en choque un se les jette tous sur les bras, et ceux que l'on sait même agir de bonne foi là-dessus, et que chacun connoît pour être véritablement touchés, ceux-là, dis-je, sont toujours les dupes des autres; ils donnent hautement dans le panneau des grimaciers, et appuient aveuglément les singes de leurs actions. Combien crois-tu que j'en connoisse qui, par ce stratagème, ont rhabillé adroitement les désordres de leur jeunesse, qui se sont fait un bouclier du manteau de la religion, et, sous cet habit respecté, ont la permission d'être les plus méchants hommes du monde? On a beau savoir leurs intrigues et les connoître pour ce qu'ils sont, ils ne laissent pas pour cela d'être en crédit parmi les gens, et quelque baissement de tête, un soupir mortifié et deux roulements d'yeux rajustent dans le monde tout ce qu'ils peuvent faire. C'est sous cet abri favorable que je veux me sauver et mettre en sûreté mes affaires. Je ne quitterai point mes douces habitudes, mais j'aurai soin de me cacher et me divertirai à petit bruit. Que si je viens à être découvert, je verrai sans me remuer prendre mes intérêts à toute la cabale, et je serai défendu par elle envers et contre tous. Enfin c'est là le vrai moyen de faire impunément tout ce que je voudrai. Je m'érigerai en censeur des actions d'autrui, jugerai mal de tout le monde, et n'aurai bonne opinion que de moi. Dès qu'une fois on m'aura choqué tant soit peu, je ne pardonnerai jamais et garderai tout doucement une haine irréconciliable. Je ferai le vengeur des intérêts du Ciel, et, sous ce prétexte commode, je pousserai mes ennemis, je les accuserai d'impiété, et saurai déchaîner contre eux des zélés indiscrets qui, sans connoissance de cause, crieront en public contre eux, qui les accableront d'injures, et les damneront hautement de

ACTE V, SCÈNE II

leur autorité privée. C'est ainsi qu'il faut profiter des foiblesses des hommes, et qu'un sage esprit s'accommode aux vices de son siècle.

SGANARELLE.

O Ciel! qu'entends-je ici? Il ne vous manquoit plus que d'être hypocrite pour vous achever de tout point, et voilà le comble des abominations. Monsieur, cette dernière-ci m'emporte, et je ne puis m'empêcher de parler. Faites-moi tout ce qu'il vous plaira, battez-moi, assommez-moi de coups, tuez-moi si vous voulez, il faut que je décharge mon cœur et qu'en valet fidèle je vous dise ce que je dois. Sachez, Monsieur, que tant va la cruche à l'eau qu'enfin elle se brise; et, comme dit fort bien cet auteur que je ne connois pas, l'homme est en ce monde ainsi que l'oiseau sur la branche, la branche est attachée à l'arbre, qui s'attache à l'arbre suit de bons préceptes, les bons préceptes valent mieux que les belles paroles, les belles paroles se trouvent à la cour, à la cour sont les courtisans, les courtisans suivent la mode, la mode vient de la fantaisie, la fantaisie est une faculté de l'âme, l'âme est ce qui nous donne la vie, la vie finit par la mort, la mort nous fait penser au ciel, le ciel est au-dessus de la terre, la terre n'est point la mer, la mer est sujette aux orages, les orages tourmentent les vaisseaux, les vaisseaux ont besoin d'un bon pilote, un bon pilote a de la prudence, la prudence n'est point dans les jeunes gens, les jeunes gens doivent obéissance aux vieux, les vieux aiment les richesses, les richesses font les riches, les riches ne sont pas pauvres, les pauvres ont de la nécessité, nécessité n'a point de loi, qui n'a point de loi vit en bête brute, et par conséquent vous serez damné à tous les diables.

Dom Juan.

O beau raisonnement !

Sganarelle.

Après cela, si vous ne vous rendez, tant pis pour vous.

SCÈNE III

DOM CARLOS, DOM JUAN, SGANARELLE.

Dom Carlos.

Dom Juan, je vous trouve à propos, et suis bien aise de vous parler ici plutôt que chez vous pour vous demander vos résolutions. Vous savez que ce soin me regarde, et que je me suis, en votre présence, chargé de cette affaire. Pour moi, je ne le cèle point, je souhaite fort que les choses aillent dans la douceur, et il n'y a rien que je ne fasse pour porter votre esprit à vouloir prendre cette voie, et pour vous voir publiquement confirmer à ma sœur le nom de votre femme.

Dom Juan, *d'un ton hypocrite.*

Hélas! je voudrois bien de tout mon cœur vous donner la satisfaction que vous souhaitez; mais le Ciel s'y oppose directement : il a inspiré à mon âme le dessein de changer de vie, et je n'ai point d'autres pensées maintenant que de quitter entièrement tous les attachements du monde, de me dépouiller au plus tôt de toutes sortes de vanités, et de corriger désormais par une austère conduite tous les déréglements criminels où m'a porté le feu d'une aveugle jeunesse.

Dom Carlos.

Ce dessein, Dom Juan, ne choque point ce que je dis, et la compagnie d'une femme légitime peut bien s'accommoder avec les louables pensées que le Ciel vous inspire.

Dom Juan.

Hélas! pas du tout. C'est un dessein que votre sœur elle-même a pris : elle a résolu sa retraite, et nous avons été touchés tous deux en même temps.

Dom Carlos.

Sa retraite ne peut nous satisfaire, pouvant être imputée au mépris que vous feriez d'elle et de notre famille, et notre honneur demande qu'elle vive avec vous.

Dom Juan.

Je vous assure que cela ne se peut. J'en avois, pour moi, toutes les envies du monde, et je me suis même encore aujourd'hui conseillé au Ciel pour cela; mais, lorsque je l'ai consulté, j'ai entendu une voix qui m'a dit que je ne devois point songer à votre sœur, et qu'avec elle assurément je ne ferois point mon salut.

Dom Carlos.

Croyez-vous, Dom Juan, nous éblouir par ces belles excuses?

Dom Juan.

J'obéis à la voix du Ciel.

Dom Carlos.

Quoi! vous voulez que je me paye d'un semblable discours?

Dom Juan.

C'est le Ciel qui le veut ainsi.

Dom Carlos.

Vous aurez fait sortir ma sœur d'un couvent pour la laisser ensuite?

Dom Juan.

Le Ciel l'ordonne de la sorte.

Dom Carlos.

Nous souffrirons cette tache en notre famille?

Dom Juan.

Prenez-vous-en au Ciel.

DOM CARLOS.

Eh quoi? toujours le Ciel?

DOM JUAN.

Le Ciel le souhaite comme cela.

DOM CARLOS.

Il suffit, Dom Juan, je vous entends. Ce n'est pas ici que je veux vous prendre, et le lieu ne le souffre pas; mais, avant qu'il soit peu, je saurai vous trouver.

DOM JUAN.

Vous ferez ce que vous voudrez. Vous savez que je ne manque point de cœur, et que je sais me servir de mon épée quand il le faut. Je m'en vais passer tout à l'heure dans cette petite rue écartée qui mène au grand convent; mais je vous déclare, pour moi, que ce n'est point moi qui me veux battre : le Ciel m'en défend la pensée; et, si vous m'attaquez, nous verrons ce qui en arrivera.

DOM CARLOS.

Nous verrons, de vrai, nous verrons!

SCÈNE IV

DOM JUAN, SGANARELLE.

SGANARELLE.

Monsieur, quel diable de style prenez-vous là?

Ceci est bien pis que le reste, et je vous aimerois bien mieux encore comme vous étiez auparavant. J'espérois toujours de votre salut; mais c'est maintenant que j'en désespère, et je crois que le Ciel, qui vous a souffert jusques ici, ne pourra souffrir du tout cette dernière horreur.

Dom Juan.

Va, va, le Ciel n'est pas si exact que tu penses, et si, toutes les fois que les hommes...

Sganarelle, *apercevant un spectre.*

Ah! Monsieur, c'est le Ciel qui vous parle, et c'est un avis qu'il vous donne.

Dom Juan.

Si le Ciel me donne un avis, il faut qu'il parle un peu plus clairement s'il veut que je l'entende.

SCÈNE V

DOM JUAN, UN SPECTRE en femme voilée, SGANARELLE.

Le Spectre.

Dom Juan n'a plus qu'un moment à pouvoir profiter de la miséricorde du Ciel, et, s'il ne se repent ici, sa perte est résolue.

Sganarelle.

Entendez-vous, Monsieur?

Dom Juan.

Qui ose tenir ces paroles? Je crois connoître cette voix.

Sganarelle.

Ah! Monsieur, c'est un spectre, je le reconnois au marcher.

Dom Juan.

Spectre, fantôme ou diable, je veux voir ce que c'est.

(Le Spectre change de figure, et représente le Temps avec sa faux à la main.)

Sganarelle.

O Ciel! voyez-vous, Monsieur, ce changement de figure?

Dom Juan.

Non, non, rien n'est capable de m'imprimer de la terreur, et je veux éprouver avec mon épée si c'est un corps ou un esprit.

(Le Spectre s'envole dans le temps que Dom Juan le veut frapper.)

Sganarelle.

Ah! Monsieur, rendez-vous à tant de preuves, et jetez-vous vite dans le repentir.

Dom Juan.

Non, non, il ne sera pas dit, quoi qu'il arrive, que je sois capable de me repentir. Allons, suis-moi.

SCÈNE VI

LA STATUE, DOM JUAN, SGANARELLE.

La Statue.

Arrêtez, Dom Juan. Vous m'avez hier donné parole de venir manger avec moi.

Dom Juan.

Oui. Où faut-il aller?

La Statue.

Donnez-moi la main.

Dom Juan.

La voilà.

La Statue.

Dom Juan, l'endurcissement au péché traîne une mort funeste, et les grâces du Ciel que l'on renvoie ouvrent un chemin à sa foudre.

Dom Juan.

O Ciel! que sens-je? Un feu invisible me brûle, je n'en puis plus, et tout mon corps devient un brasier ardent. Ah!

(Le tonnerre tombe avec un grand bruit et de grands éclairs sur Dom Juan; la terre s'ouvre et l'abîme, et il sort de grands feux de l'endroit où il est tombé.)

ACTE V, SCÈNE VI

SGANARELLE.

Voilà, par sa mort, un chacun satisfait. Ciel offensé, lois violées, filles séduites, familles déshonorées, parents outragés, femmes mises à mal, maris poussés à bout, tout le monde est content; il n'y a que moi seul de malheureux, qui, après tant d'années de service, n'ai point d'autre récompense que de voir à mes yeux l'impiété de mon maître punie par le plus épouvantable châtiment du monde.

NOTES

La scène se passe en Sicile.

ACTE PREMIER.

Le théâtre représente un palais.

P. 3, l. 9. *Tabac.* En 1772, Cailhava, dans son analyse du *Festin de Pierre*, de Molière (*De l'Art de la Comédie*, t. III, p. 217), dit que Sganarelle « *râpe* du tabac, en fait l'éloge, en donne à Gusman, etc. ». En effet, un livre d'accessoires de 1750 indique pour Sganarelle « une râpe et un bout de tabac ».

4, 4. *A droit.* Cf. *Impromptu de Versailles*, sc. IV; *Dom Juan*, acte III, sc. I, et Boileau, *Satire IV*, vers 43.

6, 5. *Convent*, pour couvent, orthographe conforme à l'étymologie, *conventus*.

— 11. *Le pèlerin.* Dictionnaire de l'Académie (1694.)

— 22. *Pourceau d'Épicure* :

Me pinguem et nitidum bene curata cute vides,
Quum ridere voles, Epicuri de grege porcum.
       (HORACE, IVe *Épître* du Ier *livre*, à Albius
        Tibullus.)

11, 2. *Des ridicules.* Sur ce mot employé comme substantif, voir *École des femmes,* acte I, sc. vi; *la Critique,* sc. vii; *le Misanthrope,* acte II, sc. v; *le Bourgeois gentilhomme,* acte III, sc. xiv.

14, 1. *Les libertins :* esprits forts, libres penseurs. Cf. *Tartuffe,* acte I, sc. vi; acte II, sc. ii; acte V, sc. i. Le P. Bouhours, dans ses *Remarques nouvelles sur la langue françoise,* dit que « ce mot signifie quelquefois une personne qui hait la contrainte, qui suit son inclination, qui vit à sa mode, etc. ». (1675.) — « Je n'entends par ce mot, dit le P. Garasse, ni un athée, ni un catholique, ni un hérétique, mais un composé de tout cela. » (*Recherches des Recherches d'Et. Pasquier,* in-8°, 1622, liv. IV, p. 682.)

15, 14. *Commandeur,* chevalier pourvu d'une commanderie dans les ordres militaires.

16, 5. *Personnes,* au masculin. Cf. *Critique de l'École des femmes,* sc. i, et *le Malade imaginaire,* acte II, sc. vi.

— 16. *Époux prétendu,* celui qui doit devenir l'époux de quelqu'une. C'est dans ce sens que Molière dit encore, dans *le Malade imaginaire,* « ce gendre prétendu me doit être amené » (acte I, sc. v), et, dans *le Misanthrope,* « au vainqueur *prétendu* » (acte III, sc. i).

19, 2. *De quel air.* Cf. *Misanthrope,* acte IV, sc. iv.

Voyons, voyons un peu par quel biais, de quel air,
Vous voulez soutenir un mensonge si clair.

ACTE II.

Le théâtre représente une campagne au bord de la mer.

25, 11. *T'as été au trépassement d'un chat, t'as la vue trouble,* proverbe que l'on trouve cité à la scène v du IIe acte de la *Comédie des Proverbes* (1633).

— 23. *Pièce tapée,* sou parisis au milieu duquel on

avait ajouté la marque d'une fleur de lis pour en faire un sou tournois. (Littré.)

25, 24. *Double*, double denier.

26, 22. *Du dor à son habit.* Cf. *Misanthrope*, acte II : « avec du dor dessus ».

27, 2. *Pour sa maine de fèves.* La mine était une mesure d'un demi-setier. C'est-à-dire : il en avait son compte.

— 15. *Tout brandis*, tout entiers, sans modification.

— 17. *Un garde-robe*, sorte de tablier ou devantier formant tonnelet.

— 19. *Brichet*, la fourchette de l'estomac.

30, 20, 21. *Souche de bois, grouillerois.* Cf. *Misanthrope*, acte II, scène IV :

Qu'elle grouille aussi peu qu'une pièce de bois.

33, 2. *De pousser des soupirs.* Variante de 1710 : me souffrir longtemps pousser des soupirs.

43, 14. *Tout ce ménage-ci.* Cf. *Tartuffe*, acte I, sc. 1.

46, 10. *Courir sur le marché des autres*, enchérir sur ce que les autres marchandent.

48, 7. *Vous montre votre bec jaune.* Molière écrit quelquefois béjaune. Cf. *Amour médecin*, acte II, sc. III, et *Malade imaginaire*, acte III, sc. VI. — C'est-à-dire votre niaiserie, votre simplicité, comme celle des jeunes oiseaux qui ont le bec encore bordé d'une frange jaune. C'est dans le même sens qu'on emploie familièrement aujourd'hui le mot serin.

ACTE III.

Le théâtre représente une forêt.

55, 14. *Vin émétique*, préparation d'antimoine. Il faut lire dans *les Médecins de Molière*, de M. Maurice Raynaud, l'histoire de la guerre de l'antimoine.

— 20. *Fait bruire ses fuseaux*, fait tapage dans le monde.

61, 27. *A mettre sous les dents.* — Voici la fin de cette scène fameuse, telle qu'elle fut publiée pour la première fois en 1813 par M. J. Simonnin, d'après une édition de Molière de 1679 conforme à la première représentation :

Dom Juan.

« Voylà qui est estrange, et tu es bien mal reconnu de tes soins. Ah! ah! je m'en vais te donner un louis d'or tout à l'heure, pourvu que tu veuilles jurer.

Le Povre.

« Ah! Monsieur, voudriez-vous que je commisse un tel péché?

Dom Juan.

« Tu n'as qu'à voir si tu veux gagner un louis d'or, ou non; en voyci un que je te donne si tu jures : tiens, il faut jurer.

Le Povre.

« Monsieur!

Dom Juan.

« A moins de cela, tu ne l'auras pas.

Sgnanarelle.

« Va, va, jure un peu, il n'y a pas de mal.

Dom Juan.

« Prens, le voylà; prens, te dis-je; mais jure donc.

Le Povre.

« Non, Monsieur, j'ayme mieux mourir de faim.

NOTES

Dom Juan.
« Va, va, je te le donne pour l'amour de l'humanité. »

63, 22. *S'assurer sur toute la prudence.* Cf. *Tartuffe,* acte IV, sc. v.

64, 14. *Je ne feindrai point de vous dire,* je n'hésiterai pas à vous dire. Cf. *Princesse d'Élide,* acte IV, sc. 1.

65, 16. *Quelque ami que vous lui soyez.* Tournure latine.

— 18. *Cherchions d'en prendre vengeance.* Commencer *de,* obliger *de,* réduire *de,* chercher *de,* sont fréquemment employés par Molière, qui avait horreur de l'hiatus.

70, 10. *D'hasarder.* L'h était généralement aspiré. V. Corneille, *Nicomède, Polyeucte, Tite et Bérénice,* etc.

72, 20. *L'engagement ne compatit point* avec, n'est pas compatible.

73, 6. Un programme-annonce du *Festin de Pierre,* publié par *le Moliériste* (VIII, p. 11-16), donne cette description du tombeau du Commandeur tel qu'on le représentait dix ans après la mort de Molière : « Il est tout de marbre blanc, accompagné de diverses figures au naturel et d'autres en perspective ; le Commandeur y paraît tout droit et son épitaphe à ses pieds. »

Au XVIIIe siècle, le tombeau du *Festin de Pierre* à la Comédie-Française était « composé de plusieurs marbres de différentes couleurs et ornemens convenables au sujet, avec un cartouche qui renferme l'épitaphe ; le tout rehaussé d'or. Ce tombeau, monté sur trois marches, est accompagné de trois figures, savoir : deux femmes de grandeur naturelle qui pleurent et un génie qui est au bas, éteignant son flambeau ; auprès duquel est un trophée, le tout peint et rehaussé d'or Derrière le tombeau, une ferme représentant un fond d'architecture circulant sur son plan avec pilastre et panneaux de différens marbres, devant lequel s'élève une pyramide de marbre portant une urne de rehaussé d'or ;

baldaquin couronné d'une pomme de pin, d'où partent deux rideaux d'étoffe cramoisie doublée d'hermine, à glands d'or; deux lampes en forme de vases, le tout rehaussé d'or. » (*Moliériste*, IX, p. 301.) — Dans les pièces antérieures de Villiers et de Dorimond, la statue paraissait à cheval. Telle je l'ai vue encore, il y a vingt-cinq ans, dans le *Don Juan* de Mozart, au théâtre de Prague.

74, 8. *S'est passé*, s'est contenté.

ACTE IV.

Le théâtre représente l'appartement de Dom Juan.

78, 17. *Voilà votre marchand*, dans un sens général. Cf. *Bourgeois gentilhomme*, acte III, sc. IV : « 4,379 livres 12 sols 8 deniers à votre marchand. »

83, 6. *Nous ne saurions en chevir*, en venir à chef, en venir à bout. On dit encore familièrement : nous ne saurions en jouir. (V. Littré, mot *Jouir*, 6º.)

88, 14. *On a peine d'adoucir.* Cf. *Étourdi*, acte III, sc. V.

89, 13. *Un chacun.* Archaïsme que l'on rencontre encore dans *l'École des femmes* (acte I, sc. I), dans *Dom Juan* (acte V, sc. VII) et dans *Tartuffe* (acte I, sc. I).

92, 8. *Changée de ce que j'étais ce matin.* Tournure latine : *mutata ab illa.*

— 17. *Épurée de tout le commerce des sens.* Cf. *Femmes savantes*, rôle d'Armande.

96, 14. *Voilà le souper.* En 1677, ce repas consistait en « viandes contrefaites » (nous dirions aujourd'hui postiches), fournies par le nommé Jumel au Théâtre de Guénégaud (prix, 25 livres une fois payées), en quelques friandises revenant à 3 livres par représentation, enfin en pain et vin qui coûtaient 15 sous.

En 1689, l'Ancienne Comédie s'offrait « une fricassée de poulets » et « un plat d'artichauts à la poivrade », collation fournie par le traiteur Loisel au prix de 2 livres ; les jours maigres, le poulet était remplacé par « une fricassée de tanches », qui coûtait 10 sols de plus.

Au XVIIIe siècle, le repas de *Dom Juan* revenait à 6 livres 19 sous, puis à 7 livres 10 sous, puis à 8 livres 15 sous, puis à 9 livres.

De nos jours, c'est un souper complet, luxueusement servi.

ACTE V.

Le théâtre représente une campagne.

102, 23. *Je ne me sens pas.* Cf. *Mariage forcé*, scène de Pancrace.

106, 1. *Qui se sont fait un bouclier du manteau de la religion* est supprimé dans l'édition cartonnée de 1682.

— 15. *Toute la cabale*, le parti des faux dévots. Cf. *Provinciales*.

— 22. *Je ferai le vengeur*, je feindrai d'être, je jouerai le rôle de...

— 27. *Crieront en public après eux.* Cf. *Préface* du *Tartuffe* : « crieront sans cesse après les vices de leur siècle ».

107, 13. *Tant va la cruche à l'eau.* Vieux proverbe qui signifie que, lorsqu'on s'expose souvent à quelque danger, on finit par y tomber.

109, 15. *Ne choque point ce que je dis*, ne contrarie, ne contredit pas. Cf. *Sganarelle*, sc. 1 : « Vous prétendez choquer ce que j'ai résolu. »

110, 4. *Conseillé au Ciel*, pris le conseil du Ciel. Cf. Rabelais : « Comment Panurge se conseille à Pantagruel. »

111, 4. *Le Ciel.* Rapprocher de cette quintuple répétition la scène finale du 1er acte de *Tartuffe*.

— 17. *Si vous m'attaquez.* Comparer cette réplique à la VIIe *Lettre provinciale* de Pascal.

114, 13. *Traîne une mort funeste,* entraîne, amène.

115. *Mes gages! mes gages!* étaient, à la première représentation, les premiers et les derniers mots du couplet final de Sganarelle. On les a supprimés dans la plupart des éditions ; mais on les conserve au théâtre.

Imp. Jouaust.

LES PIÈCES DE MOLIÈRE

PUBLIÉES SÉPARÉMENT

Avec Dessins de Louis Leloir, gravés par Champollion

NOTICES ET NOTES PAR AUGUSTE VITU

EN VENTE : L'*Étourdi*, 6 fr. — *Dépit amoureux*, 6 fr. — *Les Précieuses ridicules*, 4 fr. 50. — *Sganarelle, ou le Cocu imaginaire*, 4 fr. 50. — *Dom Garcie de Navarre*, 5 fr. 50. — *L'École des Maris*, 5 fr. — *Les Fâcheux*, 5 fr. — *L'École des Femmes*, 6 fr. — *La Critique de l'École des Femmes*, 5 fr. — *L'Impromptu de Versailles*, 4 fr. 50. — *Le Mariage forcé*, 5 fr. — *La Princesse d'Élide*, 5 fr.

SOUS PRESSE : *L'Amour médecin*.

DANS LE MÊME FORMAT

PETITE BIBLIOTHÈQUE ARTISTIQUE

Comprenant plus de 100 volumes

Derniers ouvrages publiés :

CONTES DE LA FONTAINE, dessins d'ED. DE BEAUMONT, gravés par BOILVIN. 2 vol. . . . . 35 fr.

FABLES DE LA FONTAINE, dessins d'ÉMILE ADAN, gravés par LE RAT. 2 vol. . . . . 40 fr.

LETTRES PERSANES, de Montesquieu, dessins d'ED. DE BEAUMONT, gravés par BOILVIN. 2 vol. . . . . 30 fr.

FABLES DE FLORIAN, dessins d'ÉMILE ADAN, gravés par LE RAT. . . . . 20 fr.

WERTHER, de Gœthe, gravures de LALAUZE. . . 20 fr.

LES QUINZE JOYES DE MARIAGE, 21 gravures de LALAUZE imprimées dans le texte. . . . . 30 fr.

MES PRISONS, dess. de BRAMTOT, gr. par TOUSSAINT. 20 fr.

LES CAQUETS DE L'ACCOUCHÉE, 14 gravures de LALAUZE imprimées dans le texte. . . . . 25 fr.

LE VICAIRE DE WAKEFIELD, gravures de LALAUZE. 2 vol. . . . . 25 fr.

LA NOUVELLE HÉLOISE, gravures d'HÉDOUIN hors texte, gravures de LALAUZE dans le texte. 6 vol . . . . . 45 fr.

MÉMOIRES DE MADAME DE STAAL, 9 gravures hors texte et 31 gravures dans le texte, par LALAUZE. 2 vol. 50 fr.

NOTA. — *Ces prix sont ceux du format in-16, pap. de Hollande — Voir le Catalogue de la Librairie pour la liste complète de la collection et les exemplaires de grand luxe.*

www.ingramcontent.com/pod-product-compliance
Lightning Source LLC
Chambersburg PA
CBHW071727090426
42738CB00009B/1906